Les Fantaisies-Parisiennes
L'Athénée — Le Théâtre Scribe
L'Athénée-Comique

L.-HENRY LECOMTE

✢

Histoire

DES

Théâtres de Paris

✢

Les Fantaisies-Parisiennes
L'Athénée – Le Théâtre Scribe
L'Athénée-Comique

1865-1911

✢

PARIS

H. DARAGON, ÉDITEUR

96-98, Rue Blanche (IXᵉ)

—

1912

Premier Théâtre

DES

FANTAISIES-PARISIENNES

1865-1869

Au début de l'automne de 1862, Louis Martinet, artiste peintre et directeur-fondateur de la Société Nationale des Beaux-Arts, prit à son compte un local installé dans la cour de l'immeuble portant le n° 26 du boulevard des Italiens et dans lequel, depuis deux ans déjà, se faisaient des expositions de tableaux. Tout en lui conservant cette destination, il ne tarda pas à appeler à son aide la musique et la littérature. Donnés d'abord à de longs intervalles, les concerts y devinrent quotidiens, sous la direction du ténor Roger pour le chant et du compositeur Debillemont pour la partie instrumentale. Des écrivains notoires commentaient, en même temps, les œuvres jouées ou exposées.

L'exploitation simultanée de trois arts avait assez bien réussi à Martinet pour que le décret du 6 jan-

I

vier 1864, proclamant la liberté commerciale des théâtres, lui donnât l'idée de compléter son quadrige ; il fit conséquemment transformer en salle de spectacle le vaste rectangle dont il était locataire. C'est l'architecte Charpentier, qu'avaient signalé l'agrandissement des Bouffes-Parisiens et la modification du Théâtre Beaumarchais, qui fut chargé de ce travail ; il s'en tira fort habilement.

La salle de forme carrée, à pans coupés, se subdivisait ainsi : 1° des stalles ; 2° des fauteuils disposés, comme à l'Opéra, en amphithéâtre ; 3° des loges ouvrant sur le foyer public placé à l'entrée. Les bas côtés étaient garnis de deux rangées de fauteuils en gradins. Quatre grands panneaux, entourés d'une grecque d'un dessin assez riche et séparés par des candélabres, formaient la décoration. Au milieu de chaque panneau figurait un médaillon soutenu par des rubans et représentant des allégories. Les pilastres étaient remplacés par une charpente en fer permettant à la vue de s'étendre sans obstacles. L'ouverture du cadre de scène était un cintre surbaissé couronné d'un fronton suivant l'angle du plafond. A droite et à gauche, deux statues égyptiennes soutenaient des girandoles. Des gradins garnis de fleurs ou d'arbustes, et dissimulés par le col de cygne des loges d'avant-scène, leur faisaient une bordure du plus gracieux effet. Une double couverture favorisait l'acoustique en même temps qu'elle interceptait le bruit de la pluie et du vent. Les stalles enfin, à siège cannelé et à dossier de velours grenat comme les lambris et les tentures des loges, étaient aménagées pour ne gêner en rien les toilettes amples du temps.

400 places environ résultaient de l'agencement nouveau ; elles furent cotées aux prix suivants :

Avant-scènes, Loges de face .	5 francs
Fauteuils d'orchestre, Fauteuils de galerie	5 »
Fauteuils d'amphithéâtre . .	4 »
Stalles de galerie, stalles d'orchestre	4 »

Tandis que s'effectuaient les travaux, Martinet, qui avait pris pour directeur le romancier Champfleury, composait avec lui l'administration et la troupe de l'entreprise, qui voulait exploiter divers genres et que, pour cette raison, on baptisa *Fantaisies-Parisiennes*. Furent engagés successivement :

Adrien Boïeldieu, *secrétaire général ;*

Charles Constantin, *chef d'orchestre ;*

Chant : MM. Sujol (du Théâtre Lyrique), Hippolyte Bonnet (du Palais-Royal et des Bouffes) Leroy, Costé ; Mᵐᵉˢ Goby-Fontanel, Castello ;

Comédie : MM. Emile Thierry (des Bouffes), Lacombe, Daniel Bac (du Théâtre Saint-Germain), Brice ; Mᵐᵉˢ Anaïs Mosé (de l'Odéon), France (du Théâtre Saint-Germain), Blanc, Costa ;

Pantomime : Charles Deburau, Vautier (des Funambules), Luigi Bossi, Négrier, Revère, Mˡˡᵉ Rosine Bonheur.

Avec la précédente liste, les journaux publièrent ce communiqué prometteur :

2 novembre 1865.

On répète activement, aux *Fantaisies-Parisiennes*, depuis huit jours.

Le secrétaire général, pendant cette huitaine, a inscrit les titres de 177 pièces envoyées par 83 écrivains.

Ces ouvrages de diverse nature seront lus, et une note indiquera la cause de l'acceptation ou du rejet.

La Direction demande aux auteurs un délai de six semaines pour étudier ces œuvres.

Deux lecteurs sont attachés à l'administration ; un troisième tranchera en cas d'hésitation.

Les *Fantaisies Parisiennes* espèrent, par cette garantie, prouver aux auteurs dramatiques leur zèle et leur recherche du jeune, du nouveau et de l'imprévu.

Si bien intentionné qu'il fût, le petit théâtre faillit n'ouvrir point. La salle effectivement était en bois, et l'Etat-Major des pompiers, dans un rapport très étendu signalant les dangers d'une pareille construction, conclut au refus de l'autorisation préalable. Mais le duc de Morny fut saisi de l'affaire, il dit un mot et les difficultés s'applanirent.

C'est le 2 décembre 1865 que la direction Champfleury-Martinet donna son premier spectacle, comprenant un spécimen de chacun des genres adoptés par elle.

La Fantaisie, prologue en vers, par Ernest d'Hervilly.

La Fantaisie.	. . .	Mlle FRANCE.
Un Alsacien.	. . .	MM. HIPPOLYTE BONNET.
Pierrot.	. . . . .	CHARLES DEBURAU.

Polichinelle . . . . MM. VAUTIER.
Arlequin . . . . . . LUIGI BOSSI.
Cassandre. . . . . NÉGRIER.
Léandre . . . . . REVÈRE.
La Comédie . . . . Mmes BLANC.
Le Chant . . . . . COSTA.
Colombine . . . . ROSINE BONHEUR.

Au mépris des usages reçus et des trois coups sacramen-
tels, une jolie fille paraît entre la toile baissée et la rampe
en criant au théâtre de bien retenir le vieux entêté Prologue,
désireux de sortir de sa cage pour parler au public. C'est la
Fantaisie, qui fait son propre panégyrique : elle est l'idéal
et l'azur, le sourire et le caprice ; elle a les ailes du papillon pour voltiger, les pieds de la sylphide pour bondir, les
grâces et la beauté pour charmer. Puis, sur sa demande, le
rideau se lève, et les types dramatiques qu'elle préfère
apparaissent. Voici la comédie tenant un masque riant à
la main, le chant personnifié par une jeune cantatrice, Pierrot et ses compagnons s'agitant autour de Colombine,
laquelle pirouette et fuit pour revenir dans les bras de
l'Amour, le Vaudeville enfin chantant une tyrolienne répé-
tée en chœur. Chacun des personnages, dans sa catégorie,
fera tous ses efforts pour exciter la joie et mériter les bravos des vrais spectateurs, car la claque est bannie du théâtre. Tout le monde étant présenté, la Fantaisie crie : « Vous
pouvez lâcher le Prologue, il est trop tard pour qu'il nous
débite son discours ! » — et la toile tombe.

Quatre-vingt-seize vers, divisés en quatrains,
composaient cet à-propos dû à un jeune littérateur
qui, trop malade pour faire répéter son œuvre, fut
suppléé par l'obligeant Catulle Mendès. L'idée était
plaisante, les vers charmants ; le tout fut applaudi,
sans qu'il vînt à l'idée d'aucun journaliste d'impri-

mer quelques-unes des rimes dont l'auteur même
déclare n'avoir gardé qu'un souvenir très vague.

La Dernière nuit d'une veuve, vaudeville en 1 acte,
par Emile de Najac.

Williams	MM. EMILE THIERRY.
Trousselier	LACOMBE.
Barjolet	DANIEL BAC.
Isidore.	BRICE.
Balbine	Mme ANAÏS MOSÉ.

Balbine Clapel se remarie dans quelques heures. Elle
sort du bal et s'enferme dans son appartement, lorsqu'un
étranger se présente brusquement par la fenêtre. — « Il y va
de l'honneur d'une femme, dit-il ; indiquez-moi, je vous
prie, un passage, et je vous laisse en paix. — Mais, Monsieur, si l'on vous voit sortir de chez moi, je serai compro-
mise ! » répond la veuve effrayée. On cause et l'on se reconnaît. L'intrus est Williams, riche anglais qui écrit des arti-
cles de modes pour son plaisir. Il devait être présenté à la
belle Mme Clapel qu'on voulait lui faire épouser ; elle, de
son côté avait beaucoup songé à l'excentrique écrivain pour
en faire un second époux. Le hasard, aidé du retour d'un
mari du voisinage, a rapproché deux cœurs qui ne deman-
dent qu'à s'unir. L'amour-propre de la veuve ne souffre
aucune atteinte : Williams n'est point l'amant qu'on pour-
chassait ; le fiancé de Balbine est seul reconnu coupable ;
l'Anglais le remplacera donc à la mairie et à l'autel.

Situations scabreuses, mots qui voulaient être
spirituels, couplets sans portée. Une interprétation
adroite sauva l'auteur d'une chute, sans lui valoir
plus d'un demi-succès. — *Non imprimé*

Il Campanello — *La Sonnette* — opéra-comique en 1
acte. paroles françaises de Jules Ruelle, musique de
Donizetti.

Annibal	MM. LEROY.
Enrico	COSTÉ.
Spiridione	BRICE.
Serafina	Mmes CASTELLO.
Rosa	BLANC.

Don Annibal Pistacchio, pharmacien réputé en Italie,
célèbre son mariage avec la belle Sérafina. La noce chante,
danse, rit et boit du vin de France. Tandis que l'époux,
vieux et laid, s'applaudit *in petto* de l'absence d'Enrico,
cousin de sa femme, celui-ci survient pour lutiner l'épousée,
aux rires des invités et à la fureur d'Annibal. Mais sonne
minuit. — « Qu'on se retire ! » crie Pistacchio, et, après un
brindisi général, la noce est expulsée, Enrico en tête. Au
moment où l'enflammé droguiste va pénétrer dans la
chambre nuptiale, la sonnette extérieure de son officine
retentit ; c'est un remède à servir, remède que, de par la loi,
Annibal seul doit délivrer au client. Entre, défiguré, le cousin Enrico ; il fait le rôle d'un chanteur enrhumé qui, si
l'apothicaire ne le guérit de sa toux à l'aide de pilules spé-
ciales, ne pourra débuter le lendemain dans *Il Campanello*.
La nuit se passe sans que le pauvre mari puisse approcher
du seuil qui l'attire. Croyant le franchir, il entre enfin dans
une armoire où l'enragé cousin l'enferme ; à ses cris la
belle-mère accourt d'un côté, la jeune épousée de l'autre,
puis toute la noce qui, renseignée par Enrico, rit des tribu-
lations d'Annibal. Pour comble une affaire d'intérêt appelle
à Rome l'apothicaire, dont ainsi le bonheur est encore
retardé.

Donizetti avait en 1836 composé, sur un libretto
taillé par lui-même dans le vaudeville français inti-

tulé *la Sonnette de nuit*, cette partition, représentée sur toutes les grandes scènes italiennes mais que Paris ignorait quand les Fantaisies la lui révélèrent. Elle était ravissante, et aurait sans doute brillamment réussi, si deux des chanteurs n'eussent été atteints de rhumes dont s'impatienta le public.

Rejoué dans des conditions meilleures quelques jours plus tard, *Il Campanello*, dans lequel on avait pratiqué de notables coupures, fit surtout apprécier Mlle Castello, élève du Conservatoire douée d'une voix brillante, et l'excellent orchestre que Charles Constantin, lauréat de l'Institut, dirigeait avec maîtrise. — *Non imprimé.*

La Pantomime de l'Avocat, en 1 tableau, par Champfleury, musique de Boccherini, orchestrée par Charles Constantin.

Pierrot	MM. CHARLES DEBURAU.
Cassandre	VAUTIER.
Arlequin	LUIGI BOSSI.
Colombine	Mlle ROSINE BONHEUR.

Pierrot est clerc chez le procureur Cassandre, qui le nourrit de pain sec et de fromage moisi. Par bonheur Colombine, fille de Cassandre, s'intéresse au pauvre diable et substitue à son triste menu des provisions délicates. Forcé de s'absenter pour aller au Palais, Cassandre donne à son clerc une grosse besogne à faire ; au lieu de travailler, Pierrot courtise Colombine qui se prête complaisamment au jeu. Pendant qu'ils flirtent, Arlequin, épris aussi de la jeune fille, s'introduit en silence chez elle. Voulant épouser Colombine, Pierrot lui déclare qu'il a résolu de se faire avocat afin de

gagner beaucoup d'argent et de l'obtenir ainsi de son père.
L'amoureuse applaudit à ce beau projet ; mais tandis que
Pierrot, revêtu de la robe de Cassandre, s'exerce à discou-
rir, Arlequin fait un bruit qui révèle sa présence. Pierrot
le découvre et se bat avec lui, quand Cassandre reparaît.
Indigné du scandale dont il est témoin, le procureur veut
sévir, mais les deux rivaux unissent leurs forces pour le ren-
verser sur un banc. Le traitant en accusé, Pierrot alors
interroge son patron, prononce contre lui un dur réquisi-
toire, et finit par le condamner à mort. Cassandre anéanti
demande à genoux une grâce que son clerc lui promet s'il
consent à l'accepter pour gendre. Arlequin pose bien aussi
sa candidature, mais on le fait se désister pour une bouteille de bon vin, et Cassandre consent à l'union des amoureux, qu'illuminent des feux de Bengale.

« Cette pantomime d'une trame légère a été écrite
spécialement pour M. Charles Deburau, à l'effet de
lui permettre divers jeux de physionomie dans les-
quels exelle ce comédien distingué. » — L'humble
note placée par Champfleury en tête de sa brochure
désarme notre critique comme le jeu des artistes
atténua, le premier soir, le jugement des spectateurs,
déconcertés par la banalité de l'œuvre.

Les débuts du nouveau théâtre n'avaient pas, en
somme, été fort heureux, et la critique le constata
sans indulgence. Son programme d'abord n'en fut
point modifié.

4 décembre : reprise de *Pierrot coiffeur*, pantomime
en 1 acte, par Deburau père (des Funambules).

Pierrot . . . . . .   MM. Charles Deburau.
Cassandre . . . . .   Négrier.
Arlequin. . . . . .   Vautier.
Colombine . . . . .   Mme R. Bonheur.
Un pâtissier. . . . .   Vautier.

Soit que sa confiance en l'avenir fût médiocre, soit
que ses idées ne s'accordassent pas avec celles de
son patron, Champfleury, par une lettre datée du
12 décembre 1865, pria les journaux d'annoncer
qu'à partir du même jour il restait étranger à l'administration des Fantaisies-Parisiennes. Martinet
dès lors devint directeur de nom comme il l'avait
toujours été de fait. C'est avec lui donc qu'Emile
Thierry et Mlle Mosé résilièrent, ouvrant ainsi une
première brèche dans l'édifice à peine inauguré.

29 (et non 28) décembre : *Les Deux Arlequins*, opéra-
comique en 1 acte, par Mestépès, musique d'Emile Jonas,
pas réglé par Vautier.

Arlequin . . . .   M. H. Bonnet.
Colombine . . . . . .   Mme Goby-Fontanel.

Après six ans d'absence, Arlequin revient d'Amérique ;
mais, voulant éprouver l'amour de Colombine, sa femme,
il décide de se présenter à elle sous le nom et les habits de
leur ami Gilles. Informé de ce dessein, Gilles en prévient
par lettre Colombine, et celle-ci convoque Scapin, Léandre,
tous les personnages de la Comédie-Italienne, pour l'aider à tirer vengeance du trop subtil époux. Arlequin survenant, elle feint de le prendre pour le Gilles qu'il dit être,
mais part d'un éclat de rire lorsqu'il lui annonce le décès de

son mari, car, prétend-elle, ce mari revenu vit depuis
six mois avec elle de la plus amoureuse façon. Furieux de
ces paroles et de se voir fermer au nez la porte de sa maison, Arlequin veut y mettre le feu ; un homme vêtu comme
lui en sort au même instant : c'est Colombine, qui a pris ce
costume pour faire subir au revenant toutes les tortures de
la jalousie. Une scène abondante en lazzis se joue entre le
faux et le véritable Arlequin, à la suite de laquelle ce dernier,
jeté par terre, voit venir à lui tous les personnages appelés
par Colombine. Se dévoilant à eux, il les enrôle à son tour
pour bâtonner le rival qu'il va déloger de l'immeuble où il
pénètre. Oubliant cette consigne, il sort après d'inutiles
recherches, et c'est lui qui reçoit la volée de bois vert destinée au prétendu larron d'honneur. Colombine reparaît
alors en femme et lui tend la lettre de Gilles. Avouant qu'il
n'est qu'un sot, Arlequin se jette aux pieds de sa femme en
jurant de n'être plus jaloux, et on lui pardonne.

Cette pièce, imitée d'un vaudeville de Théaulon
intitulé *Elle et Lui* avait été reçue à l'Opéra-Comique d'où les auteurs, lassés d'attendre, la retirèrent
pour la porter aux Fantaisies où elle devait obtenir
cent représentations. Sur son scénario simple et gai
chantait une musique jolie que Mᵐᵉ Goby-Fontanel
interpréta avec autant de charme que de voix.

29 décembre : *Double-Blanc*, pantomime excentrique
en 1 acte, par Charles Deburau et Vautier, musique de
Charles Constantin.

Pierrot, le clown . . .	MM. CHARLES DEBURAU.
Wolbec	VAUTIER.
Pantalon, ...	NÉGRIER.
James	L. ROSSI.

Le Constable	MM. ANTONIO (*début*).
Un brasseur	BERTRAND (*début*).
Claire	Mme R. BONHEUR.
Herminée	LEMERCIER (*début*).

Adaptation d'une brimade anglaise ayant pour titre *Twice-Wite,* où les tours de force s'unissaient aux effets mimiques. Nul journal ne la raconta et aucun libraire ne la recueillit.

17 janvier 1866 : reprise de *Bonsoir, voisin,* opéra-comique en 1 acte, par Brunswick et Arthur de Beauplan, musique de Ferdinand Poise.

Digonard	M. MEILLET.
Louisette	Mme CASTELLO.

Cet acte, joué au Théâtre Lyrique le 20 septembre 1853, servit la rentrée à Paris de Meillet, créateur du rôle principal. Chanteur aimé et plein de verve, il fut accueilli avec enthousiasme ; mais, engagé pour vingt représentations seulement, il dut bientôt céder la place à Sujol, qui n'avait ni sa science ni son autorité.

17 janvier : reprise des *Jocrisses,* pantomime villageoise en 3 tableaux, par Deburau père (des Funambules).

Bétinet	MM. CHARLES DEBURAU
Nicodème	VAUTIER.
Paolo	L. BOSSI.
Le Bailli	ANTONIO.
Le Violoneux . . .	BERTRAND.
Mathurin	NÉGRIER.
Colinette	Mme HENRIETTE BLARINI (*début*)

Excentricité peu récréative, qu'on accueillit froidement.

3 février : *La Gazette des Parisiens*, journal-revue en 1 acte, par William Busnach et Alexandre Flan.

Legrincheux	MM.	COURCELLES *(début)*.
Don Millarès		COSTÉ.
Barbanchu		LACOMBE.
Un contrôleur		BRICE.
La Fantaisie	Mlles	DAMBRICOURT *(début)*.
Manoël, l'Alsacienne.		COSTA.
Pépita, la Vicomtesse de X		BLANC.
Le Bal de l'Opéra		FRANCE.
Augustine		MELVIL *(début)*.
Daphné		FRÉDIANI *(début)*.
Une dame		H. BLABINI.

Les artistes des Fantaisies-Parisiennes répètent une pièce espagnole quand un monsieur, vêtu d'une robe de chambre et bougeoir en main, pénètre dans la salle malgré le contrôleur : c'est Legrincheux, dentiste habitant l'immeuble qui, dérangé dans la lecture de son journal par les cris que poussent les comédiens, vient protester contre l'établissement d'un théâtre dans sa cour. La Fantaisie, survenant, fait monter sur la scène Legrincheux qui déclare vouloir lire tranquillement sa gazette ou recourir au papier timbré. — « Vous aimez les journaux, dit la Fantaisie, eh bien ! je vais fonder pour vous le journal parlé, joué, chanté, un journal vivant. » — Legrincheux, radouci, accepte d'assister au premier numéro de cette feuille destinée à paraître tous les mois. Alors défilent, devant lui servant de compère, les actualités du jour : la Chronique, l'Exposition des fromages, le Bal de l'Opéra, la Carte-Peigne, le Courrier des modes, le Feuilleton, etc. Une idée vient à Legrincheux pour le renouvellement de ce spectacle qui l'a ravi, c'est de placer à la porte des Fantaisies une boîte dans laquelle les passants pourront jeter des mots, de l'esprit ou des rimes. Ce dessein plaît à la commère qui déclare vouloir l'exécuter dès le lendemain. Sur quoi tous les personnages reparaissent pour chanter un chœur final sur l'air en vogue de *la Déesse du Bœuf-Gras*.

Cadre ingénieux, couplets bien tournés, ensemble heureux auquel le public et la presse souhaitèrent des suites nombreuses. Courcelles, venu du Théâtre Saint-Germain, et Mlle Dambricourt, transfuge de l'Odéon, tinrent à merveille les principaux rôles de ce journal en action.

Le dimanche gras 11 février, une matinée fut dédiée aux enfants par les Fantaisies. Elle comprenait divers éléments, dont le jeune Bonnay jouant du xylophone, et la nouveauté suivante :

La Naissance de Polichinelle, pantomime en 1 acte, par Vautier et Deburau fils.

Pierrot	MM. CHARLES DEBURAU.
Polichinelle.	VAUTIER.
Parapharagaramus . .	COURCELLES.
Cassandre	ANTONIO.
Le Commissaire . . .	BERTRAND.
Arlequin	L. BOSSI.
La Mère Gigogne . . .	NÉGRIER.
Colombine	Mmes R BONHEUR.
Isabelle	H. BLARINI.
La Fantaisie	OCTAVIE BLARINI (*début*).
Colette	— MARTHA (*début*).

Cet ouvrage, inédit et que nous ne saurions raconter, figura, le mardi suivant, dans une seconde représentation diurne agrémentée d'un goûter et d'une tombola, mais qui fut la dernière, les matinées n'étant point encore admises par le public parisien.

21 février : reprise d'*Avant la noce*, opérette en 1 acte, par Mestépès et Paul Boisselot, musique d'Emile Jonas.

<pre>
Hyacinthe .   .   .   .   M. H. BONNET.
Marie .   .   .   .   .   Mlle ANT. ARNAUD (*début*).
</pre>

Jouée aux Bouffes-Parisiens le 24 mars précédent, par Berthelier et sa femme, cette piécette fit applaudir Bonnet, bon sujet du théâtre, et Mlle Arnaud, débutante de talent.

21 février : *Robinson Crusoé*, bouffonnerie musicale en 1 acte, par William Busnach, musique de Jules Pillevestre.

<pre>
Onézyphore.   .   .   .   .   MM. SUJOL.
Piédouche .   .   .   .   .   COURCELLES.
Un matelot.   .   .   .   .   Mlle MARTHA.
</pre>

Surpris la nuit en tête-à-tête avec Adèle, femme de Piédouche son ami, Onézyphore s'est enfui au Hàvre et a pris passage sur un bâtiment en partance pour New-York. Aussi têtu que jaloux, Piédouche l'y rejoint et, pour l'obliger à sortir de la cale où il s'est tapi, annonce avec un porte-voix le prochain échouement du navire. Affolé, l'amant se précipite dans la mer, nage pendant des heures et finit par atteindre une île qu'il croit inconnue. A peine est-il séché que Piédouche l'inlassable y aborde lui-même.

Barbouillé de cirage, Onézyphore se donne pour nègre, et en cette qualité sert le mari jusqu'au moment où, sous prétexte d'aller à la chasse, il peut s'emparer du fusil de son persécuteur. Redevenu blanc, il parlemente alors et affirme à Piédouche que loin d'être sa maîtresse Adèle est sa sœur, reconnue à l'aide d'un bijou de famille. L'autre, rességéné, le presse dans ses bras et tous deux suivent avec joie le matelot que, du navire, on a envoyé à leur recherche. De New-York, où ils arriveront bientôt, Piédouche fera venir Adèle, et le ciel d'Amérique éclairera trois heureux.

Action incohérente ; des mots drôles et une agréable partition n'empêchèrent point cet acte d'être chuté par les spectateurs et condamné par la critique.

21 (et non 22) février : *L'Amour est un enfant*, comédie en 1 acte, par Bernard Lopez.

Le marquis de Florac . . .	M.	LACOMBE.
Henri de Fresse	Mlles	DAMBRICOURT.
Berthe de Sornay. . . .		CLAIRVAL (*début*).
La baronne de Gaillarbois . .		BLANC.

Le vicomte Henri de Fresse, âgé de dix-huit années, vient d'épouser Berthe de Sornay, qui compte seize printemps. Suivant convention arrêtée entre leurs parents, on sépare au sortir de la chapelle les deux époux, qui ne devront se revoir que deux ou trois ans plus tard. Cela les contrarie, mais satisfait au contraire le marquis de Florac, élégant roué qui a des vues sur Berthe. Echappant cependant à la surveillance d'un tuteur, Henri parvient à rejoindre sa moitié. Tous deux devisent ingénument quand Florac les surprend et persuade au vicomte qu'aimer sa femme lui donnerait le plus grand ridicule du monde. Henri, qui ne connaît l'amour que pour l'avoir vu représenté sous les traits d'un enfant, écoute le roué et prend avec froideur congé de Berthe que le marquis s'empresse de courtiser. Revenu à l'improviste, Henri voit Florac embrasser Berthe ; cela lui donne l'idée d'appliquer un baiser sur l'épaule nue de la baronne de Gaillarbois, maîtresse du marquis. Déniaisés par ces escarmouches galantes, les époux se retrouvent pour les recommencer entre eux et, sur leur volonté formelle de ne point se séparer, on les autorise à vivre ensemble : l'amour pour le vicomte n'est plus un enfant.

Historiette longue, partant peu amusante, qui fut reçue avec des manifestations contradictoires.

17 mars : reprise du *Conscrit*, pantomime en deux tableaux, par Deburau père (des Funambules).

Pierrot	MM.	CHARLES DEBURAU.
Le Sergent		VAUTIER.
Cassandre		NÉGRIER.
Trois soldats . . .		ANTONIO, ROSSI, BERTRAND.
Colombine	Mmes	R. BONHEUR.
La Cameriste . . .		H. BLARINI.
La Maîtresse d'hôtel .		CAMILLE (*début*).
La Servante		O. BLARINI.

17 mars : reprise de *La Belle Espagnole*, bouffonnerie en 1 acte, paroles et musique d'Hervé (du théâtre Deburau, 22 septembre 1858.)

2

Mercédès . . . . . MM. Charles Deburau.
Clavicor . . . . . H. Bonnet.
Dégommez. . . . . Masson (*début*).

17 mars : *Les Chanteurs turbulents*, répétition générale d'un drame en 8 actes et une infinité de tableaux, par Henri Avocat.

Beaufour . . . . . . MM. Tacova (*début*).
Le Directeur . . . . . H. Lacombe.
Saint-Phar . . . . . . Courcelles.
Angèle . . . . Sujol.
Beuglant . . . . . . Costé.
Adolphe. . . . . . . Brice.
Armande . . . . . . Mlles France.
Cœlina . . . . H. Blarini.

Rien à dire des deux pièces connues. La troisième était une rapide parodie des *Chanteurs ambulants*, drame chuté le 6 du même mois à la Porte-Saint-Martin ; elle n'eut qu'une représentation, ce qui la juge.

L'accueil peu chaleureux fait jusque là aux pantomimes déterminèrent, vers cette date, la direction des Fantaisies-Parisiennes à délaisser ce genre. Les acteurs muets furent donc congédiés, et Martinet se donna davantage aux pièces à musique. C'était une décision sage, car, en augmentant ses chances de fortune, elle pouvait lui fournir l'occasion d'efforts intéressants. Il s'adjoignit, pour sa tâche nouvelle, un sien parent, M. Duval, homme aimable et intelligent, qui se démit de fonctions importantes pour se consacrer entièrement au petit théâtre. Tous deux rédigèrent pour la presse un manifeste duquel émergeait la promesse de faire aux jeunes auteurs et compositeurs le meilleur accueil ; elle était opportune, car divers censeurs se plaignaient déjà qu'aucun des 177 ouvrages déposés au secrétariat n'eût subi l'épreuve de la mise en scène. Les pages suivantes diront si l'engagement nouveau des directeurs fut mieux tenu que le premier.

31 mars : reprise des *Folies amoureuses*, opéra-bouffe en 2 actes, d'après Regnard, paroles ajustées sur la musique de Mozart, Cimarosa, Paër, Rossini, Pavesi, Generali et Steibelt, par Castil-Blaze.

Crispin . . . . . MM.	ARSANDAUX (*début*).
Valcourt	TISSERAND (*début*).
Albert	COSTÉ.
Eléonore . . . . . Mmes	GOBY-FONTANEL.
Lisette	COSTA.
Berthe	H. BLARINI.

Donné pour la première fois au Grand-Théâtre de Lyon le 1er mars 1823, puis à l'Odéon de Paris le 5 juin 1824, ce pastiche réussi produisit aux Fantaisies un très bon effet. L'interprétation en était remarquable. Aux côtés de Mme Goby-Fontanel, bonne chanteuse et actrice experte, le baryton Arsandaux, qui sortait du Conservatoire, fit applaudir une voix bien timbrée et une méthode excellente. Moins heureux, le ténor Tisserand montra plus de bonne volonté que de mérite ; mais les chœurs et l'orchestre parurent dignes de tous les suffrages.

21 avril : *Les Oreilles de Midas*, opérette en 1 acte, par Nérée Desarbres et Charles Nuitter, musique de Frédéric Barbier.

Midas	MM. Gourdon (*début*).
Phigaros	Bonnet.
Un faune	Berardi (*début*).
Acis	Mmes A. Arnaud.
Daphné	Castillo.
Eucharis	H. Blarini.

A la suite d'un concert auquel prenaient part Apollon et Pan, Midas, roi de Lydie, a décerné la palme à ce dernier. Furieux, Apollon inflige au sot monarque des oreilles d'âne. Pour dissimuler cette infirmité, Midas est obligé de se confier à son barbier Phigaros et celui-ci, bavard par essence, dévoile le secret de son maître aux nymphes qui l'interrogent curieusement. Parmi ces nymphes est Daphné, que certain berger du nom d'Acis vient courtiser jusque dans le jardin royal. Midas, qui voudrait faire de Daphné sa compagne, surprend l'amoureux et le chasse, mais Acis revient et décide Daphné à le suivre. Midas ne sait comment supprimer son rival quand on rapporte, à l'état de lingot, Phigaros qui par remords s'est jeté dans le Pactole ; cela donne au roi l'idée de précipiter Acis dans les ondes fatales. Mais le berger, qu'on saisit, se révèle comme étant Apollon lui-même. Heureux d'avoir conquis un cœur sincère, le dieu use de clémence envers Midas qu'il délivre de ses oreilles ainsi qu'envers Phigaros qu'il ressuscite, et tout finit par un chœur d'allégresse.

Livret drôle, agréable musique, bons acteurs,

tout se réunissait pour faire un succès de cet acte
qui servit à l'heureux début de Gourdon, ténor
enlevé aux Bouffes-Parisiens.

6 mai : reprise de *Pan, pan, c'est la fortune !* vaudeville en 1 acte, par Varin, Amédée de Jallais et Henri
Thiéry (du Palais-Royal, 26 mai 1858.)

Papillon.	MM. COURCELLES.
Savoureux	BRICE.
Brunette	Mlle FRANCE.

Emprunt non motivé et qui n'enrichit guère le
théâtre.

6 mai : *Semer pour récolter*, opéra-comique en 1
acte, par DiPietro et C. Demeuse, musique d'Eugène
Anthiome.

Jean Leblanc	M. SUJOL.
Marceline	Mmes COSTA.
Pierrot	FRANCE.

Jean Leblanc, meunier qu'abandonne sa clientèle, épouserait volontiers, par calcul, la meunière Marceline, plus
favorisée, mais celle-ci a d'autres idées en tête. Le mariage
ne lui répugne point, elle en admet même la nécessité lorsque Leblanc lui révèle que la médisance s'exerce au sujet
de la présence chez elle d'un garçon jeune et gentil nommé
Pierrot. Ce Pierrot a été, quelques années auparavant,
ramassé sur une route par Marceline qui depuis lui sert de
mere; mais les sentiments qu'éprouve le protégé ne sont

rien moins que filiaux et, de son côté, la meunière est assez
jeune pour n'être pas insensible. Par malheur Pierrot garde
un vertueux silence qui lui nuirait sûrement si Leblanc
ne servait, par sa jalousie, les intérêts de son rival. Encou-
ragé par quelques bonnes paroles, Pierrot s'explique et Marceline, pour toute réponse, lui tend les bras; il sera meunier, au grand dépit de Jean Leblanc. Pour avoir semé de
l'amour, Marceline récolte un mari.

Sujet insignifiant et rebattu. La partition n'était
pas sans valeur, mais, sauf en quelques passages, elle
sembla un contre-sens, car elle tenait de l'oratorio
plus que de l'opéra-comique. Le succès, au total,
fut ce qu'il devait être, modéré.

23 mai : *Le Chevalier Lubin*, opéra-comique en 1
acte, par Victor Perrot et Michel Carré, musique
d'Adrien Boïeldieu.

Lubin	MM. ARSANDAUX.
Le marquis	GOURDON.
Rosine.	Mlle A. ARNAUD.

La comtesse Rosine, jeune et jolie veuve, est aimée par
deux prétendants : le marquis de Beautreillis, qui a libre
accès auprès d'elle, et le chevalier de Simiane, qu'elle a toujours refusé de voir et qui se manifeste uniquement par des
billets glissés dans les bouquets offerts par son rival.
Beautreillis s'est chargé de procurer un jardinier à la comtesse, et ce domestique se présente au moment même où
Rosine s'amuse fort à la lecture du *Dormeur éveillé*, de
l'ingénieux conteur Galland. Il est lourd et bien gauche, ce
pauvre Lubin, et, comme on lui dit n'avoir besoin de lui
que pour veiller la nuit sur le château, il s'endort sans

façon dès que Rosine le laisse en tête-à-tête avec Beautreillis. Cela donne au marquis l'idée d'amuser la veuve aux
dépens du rustre ; il le fait transporter dans un pavillon
où sont les vêtements du frère absent de la comtesse, et des
valets l'y habillent en seigneur. Puis, quand il se réveille,
on lui fait jouer le rôle d'Abou-Hassan, c'est-à-dire qu'on
lui soutient qu'il est le maître du château et le mari de la
comtesse. Mais, voici qu'après quelques minutes d'embarras, Lubin se met à prendre les allures et le ton d'un vrai
gentilhomme. Il y a à cela une explication très simple,
c'est que le soi-disant jardinier n'est autre que le chevalier
de Simiane, déguisé pour approcher enfin celle qu'il aime.
Pris de soupçon, le marquis imagine de demander du vin
pour griser celui qui le gêne, mais c'est lui que la boisson
trouble et finalement endort. Par représaille, Simiane
alors fait revêtir de ses habits d'artisan Beautreillis qui ne
se réveille que pour voir, aux pieds de Rosine, Simiane
pardonné et choisi comme deuxième époux.

Cet ouvrage avait, l'année précédente, obtenu le
premier prix à un concours d'opéra-comique ouvert
par M. Charles Soullier. Le livret, agréable, offrait
des situations bien amenées et que le compositeur
avait exploitées avec un bonheur rare ; on l'applaudit
donc justement.

14 juin : *Bettina*, opéra-comique en 1 acte, par Emile
de Najac, musique de Léonce Cohen.

Framboisio	MM. Costé.
Fricolo.	Berthé (*début*).
Clodomire.	Mlles Hermance D. (*début*).
Bettina.	Costa.

Bettina, servante du capitaine florentin Framboisio, fait
la bête sans l'être parce qu'elle vise audacieusement à épou-

ser son maitre. Framboisio a le projet de prendre pour
femme sa nièce Clodomire, mais celle-ci préfère de beaucoup le jeune Antonio qui chante des sérénades sous son
balcon. L'intérêt de la soubrette est de servir cette intrigue; elle s'y emploie avec le concours de son frère Fricolo,
aventurier sans scrupules. Fricolo, qui passe pour
homme d'esprit, organise un enlèvement, mais c'est lui qui
en profitera car il entend, au bon moment, se substituer à
Antonio et compromettre ainsi Clodomire qu'on ne pourra
lui refuser. Cependant Framboisio, à qui Bettina fait remar-
quer les défauts de sa nièce, reporte ses vues sur la servante dont la naïveté le charme. Fricolo, avec ses finesses,
pense tout gâter, mais, grâce à Bettina, c'est bien avec
Antonio que Clodomire part nuitamment. Après un tel éclat,
le capitaine consent au bonheur des amoureux ; quant à
lui, il offre sa main au cordon-bleu dont il a deviné
l'amour : Fricolo sera domestique de la sœur qu'il se
croyait en droit de mépriser.

Poème sans relief, partition un peu touffue mais
bien faite et clairement orchestrée ; ce fut avant tout
un succès musical.

19 juin : *La Gazette des Parisiens*, 2e et 3e numéros,
revue-journal en trois tableaux, par Alexandre Flan.

Legrincheux	MM. COURCELLES.
Le Prix de Rome.	COSTÉ.
Un Romain	LACOMBE.
Un Cocher.	BRICE.
La Fantaisie	Mmes DAMBRICOURT.
Octavie	COSTA.
Batly	FRANCE.
Fior d'Aliza, Mde de pain d'épices .	HERMANCE D.
Mme Tallien, la Baigneuse. . . .	BLANC.

Le prince Souci, la Charcutière   .   .   H. Blarini.
Marie   .   .   .   .   ,   .   Camille (*début*).
Navarette   .   .   .   .   Leclerc (*début*).
Héloïse Paranquet   .   .   .   .   .   .   Cargyll (*début*).

On trouvait là ce que contiennent tous les journaux légers, des calembours, des critiques. Une scène plaisante représentait Batty domptant de petites lionnes féroces ; le dompteur, personnifié par une femme très frêle chantait d'une voix formidable, issant du trou du souffleur, un couplet caverneux : c'était d'un effet imprévu et curieux. Au troisième tableau figurait, sous ce titre : *le Don Juan des Fantaisies*, une bouffonnerie musicale ainsi distribuée :

Don Juan.   .   .   .   . MM. H. Bonnet.
Leporello.   .   .   .   .   Costé.
Les Commandeurs.   .   .   .   .   (Berardi, Grimaud.
                                        (Poncet, Lecot.
Dona Na Na   .   .   .   .   .   . Mmes Costa.
Zerline   .   .   .   .   Bonelli (*début*).

Dans cette parodie, une idée originale amusa beaucoup, c'était l'arrivée des quatre Commandeurs accourant de l'Opéra, du Théâtre Lyrique, des Italiens et du Théâtre-Français pour provoquer le Don Juan des Fantaisies. — *Non imprimée*.

Le théâtre prit, le 16 juillet 1866, ses premières vacances. Il avait jusque là encaissé 88.691 francs. Pensant que la faiblesse de ce chiffre pouvait avoir pour cause l'éclectisme de ses programmes, Martinet résolut de ne jouer à l'avenir que des pièces musicales, inédites ou puisées dans le répertoire abandonné par les grandes scènes. Des transformations furent alors opérées dans la salle où dix-huit grandes loges et baignoires remplacèrent les fauteuils et les petites loges du début, et, pour que le public sût à quoi s'en tenir, c'est avec la qualification de *quatrième théâtre lyrique* que les Fantaisies-Parisiennes rouvrirent le 24 septembre. Deux nouveautés constituaient, ce soir-là, le meilleur de l'affiche.

Sacripant, opéra-comique en 2 actes, par Philippe Gille, musique de Jules Duprato.

Farfallone	MM. Gourdon.
Robecco.	Croué (*début*).
Trufarello	Barnolt (*début*).
Giovanino	Mme Goby-Fontanel.
Nisida	Bonelli (*début*).

La scène est à Padoue, en 1630. Farfallone, médecin pleurnicheur, vient d'absorber un bon dîner quand il rencontre dans la rue son ancien élève Giovanino. Ce dernier devenu, sous le nom de Sacripant, un voleur émérite et la terreur des Padouans, conçoit l'idée de compromettre le docteur en l'associant à un de ses exploits. Farfallone, qui croit à une farce et que le vin de Chypre rend guilleret, ne fait aucune difficulté pour détrousser, lui deuxième, certain Trufarello arrivant de Bergame pour épouser Nisida, fille du barigel Robecco. Le coup fait, Giovanino confesse son métier et quitte le praticien qui, plus ou moins adroitement, dédommage le dévalisé, mais ce dernier, rétif, crie « au voleur » et la police accourt. Sacripant, revenu en manches de chemise, se donne pour Trufarello et accuse celui-ci de lui avoir pris son habit contenant dans la doublure deux cents ducats et une lettre de crédit sur le barigel.

Trufarello proteste en vain : jugeant qu'un homme qui n'a
pas d'habit n'a pu voler celui d'un autre, le magistrat arrête
le pauvre diable qu'il croit de très bonne foi être Sacripant.
Logé chez Robecco, le véritable bandit, bien fait et galant,
n'a pas de peine à conquérir les bonnes grâces de Nisida ;
mais, désarmé par la candeur de la fillette, il n'ose pousser
jusqu'au bout l'aventure et, après avoir jeté par la fenêtre
à ses hommes l'argenterie du magistrat, il injurie ce dernier qui lui rend sa parole, et s'enfuit au moment où les invités viennent signer au contrat. Il fait mieux encore, car,
informé que Nisida a du penchant pour le jeune Girolamo,
il s'engage par lettre à rendre tout ce qu'il a pris et à parai-
tre devant le barigel si ce dernier consent à donner sa fille à
l'homme qu'elle aime. Dans l'espoir d'arrêter le bandit,
Robecco cède ; mais Giovanino, déguisé en femme, ne se fait
connaître que de Nisida et part définitivement au bras de
Farfallone, complice par peur, tandis que Trufarello, toujours
victime, reçoit les coups destinés à Sacripant.

Poëme simplet, mais partition digne des plus
grands éloges, qu'on accueillit sympathiquement,
ainsi que les recrues dont elle servait les débuts.

Le Baron de Groschaminel, opéra-bouffe en 1 acte, par
Charles Nuitter, musique de Jules Duprato.

Mortibello.	MM. H. Bonnet.
Le Baron	Gourdon.
Piédrolet	Barnolt.
Inès	Mme Bonelli.

Groschaminel, burgrave de fantaisie, est sur le point
d'unir sa fille Inès au jeune Piédrolet dont il ignore la
famille et la position sociale. Cela n'est pas sans le troubler,
car une légende dit que chaque fois qu'un Groschaminel

manque à ses devoirs un fantôme surgit pour lui reprocher
sa faute. Secrètement épris d'Inès, Mortibello, valet du baron,
se masque et, drapé dans un grand manteau, apparaît au
moment où le cortège nuptial va se rendre chez le notaire.
Pris pour le traditionnel fantôme, il révèle au baron que son
gendre est pianiste et à Piédrolet que son beau-père fait concurrence à Barbe-Bleue. Sur cela les deux hommes se dispu-
tent et rompent. Inès désolée apporte alors la corbeille destinée à son futur ; elle contient des chenêts, symbole du
repos, une épée symbole du mouvement, et un bonnet de
coton symbole de l'amour conjugal. A la vue de ces choses,
Mortibello, se dévoilant, déclare qu'elles ont été léguées
jadis par lui à l'enfant né de son premier amour. Inès est
donc sa fille ? Non, car les suggestifs cadeaux ont été pris
par elle à son père qui lui-même les avait achetés sur le
quai de la ferraille. Piédrolet, revenu après avoir ameuté
les vassaux de Groschaminet, aperçoit les objets et s'en
déclare propriétaire ; Mortibello embrasse l'enfant retrouvé
et demande pour lui la main d'Inès. — « J'aurais pu donner
ma fille à un inconnu, dit le baron, au fils de mon valet,
jamais ! » — Mais, depuis vingt ans qu'il est à son service,
Mortibello vole Groschaminet et a pu ainsi constituer une
grosse dot qu'il offre à Inès. — « Ça, c'est gentil, n'est-ce pas,
papa ? » insinue la fillette. — « Oui », avoue le baron, et, content d'en finir, il unit les amants.

Sujet extravagant, auquel avait collaboré l'architecte de l'Opéra, Charles Garnier, et sur lequel
chantait une musique pleine de fraîcheur : légitime
succès.

23 octobre : reprise des *Rosières*, opéra-comique en
3 actes, par Théaulon, musique d'Hérold.

Le Comte . . . . . . MM. BERTHE.
Le Commandeur . . . GÉRAIZER *début).*

Le Sénéchal . . . . . MM. Croué,
Bastien . . . . Engel (*début*).
L'Olive . . . . Barnolt.
Brigitte . . . . Mmes Decroix (*début*).
Eugénie . . . . A. Arnaud.
Florette . . . . Géraizer (*début*).
Catean . . . . Gourdon (*début*).
Justine . . . . Déborah (*début*).
Lili . . . . Bertelli (*début*).
Pauline . . . . Berthé (*debut.*)

Bergerade créée à l'Opéra-Comique le 27 janvier 1817. La fable en est naïve et la partition, de la première manière d'Hérold, n'a pas très grande valeur. Le baryton Berthé était souvent au-dessous du ton et le ténor Engel manquait de voix ; mais Mme Decroix, transfuge de l'Opéra-Comique, et Mme Géraizer, débutante, conquirent le public et firent, au total, approuver cette redite.

18 novembre : reprise du *Maître de Chapelle*, opéra-comique en 1 acte, par Sophie Gay, musique de Paër.

Barnabé . . . . MM. Géraizer.
Benetto . . . . Barnold.
Gertrude . . . . Mme Géraizer.

Poursuivant son dessein d'exhumer les vieilles œuvres dignes de revivre, Martinet procura un regain de succès à cet acte, créé à l'Opéra-Comique le 29 mars 1821, et où abonde la mélodie.

20 novembre : reprise de *La Revanche de Fortunia*, olie musicale en 1 acte, par Hippolyte Lefebvre, musi-

que de Victor Robillard (des Folies-Marigny. 1er juillet 1865.)

Fortunia . . . . MM. H. Bonnet.
Jean Bridoux. . . . . . Barnolt.
Adolphe . . . . Mme Martha.

Complément d'affiche, recueilli pour Hippolyte Bonnet, excellent dans les personnages d'alsaciens.

29 novembre : *Le Chanteur florentin*, scène lyrique, par Alfred et Edouard Blau, musique de Jules Duprato.

Dionéo . . . . . . MM. Engel.
Trois seigneurs. . . { Géraizer, Berthé, Barnolt.
Le Chanteur. . . . Mmes Eléonore Peyret (*début*).
Sylvia. . . . . . A. Arnaud.
Une dame . . . . Faucher.
Trois contadines . , { Borelli, Géraizer. Rigault.

Sur la terrasse d'une villa italienne où devisent des seigneurs et des contadines entourant une dame de beauté nommée Sylvia, un jeune chanteur, mandé par caprice, vient narrer une histoire d'amour qui fait battre le cœur jusque-là insensible de Sylvia. La nuit vient ; le chanteur que tous, sauf la reine, ont remercié d'un mot ou d'un sourire, se désole de n'avoir pu intéresser la seule beauté qu'aient admirée ses yeux, lorsque Sylvia reparait, et lui jette sa couronne de fleurs, tandis que le rideau tombe...

Inspirée du *Décaméron*, cette scène voulait mettre en lumière Mlle Eléonore Peyret, élève d'Henri

Potier et premier prix du Conservatoire, dont la belle voix de contralto n'eût pu se produire dans des œuvres plus légères. Les longueurs du livret compromirent le succès que la musique claire, facile, parfois originale, avait dû faire espérer ; une accentuation défectueuse nuisit en outre à la débutante qui ne fut pas engagée.

15 décembre : reprise de *L'Omelette à la Follembuche*, opérette en 1 acte, par Eugène Labiche et Marc Michel, musique de Léo Delibes (des Bouffes-Parisiens).

M. de Follembuche. . . .	MM. H. Bonnet.
De Criquebœuf	Gourdon.
De Givrac	Berthé.
Pertuisan . . , ...	Barnolt.
Le Tabellion	Martin (*début*).
Le Grand-Ecuyer.	Reizer (*début*).
Berthe	Mme Géraizer.

Jouée pour la première fois le 8 juin 1859, cet acte bouffon, agrémenté d'une partition charmante et bien interprété, produisit un certain effet.

29 janvier 1867 : *Les Légendes de Gavarni*, pièce en 3 actes, par Hippolyte Lefebvre, musique de Frédéric Barbier.

Ducharme	MM. Gourdon.
Barnabé	Bonnet.
Ernest Duplanty	Croué.
Hippolyte	Barnolt.

Jules.	MM. L. Sange (*début*).
Fortuné	Berthé.
Adolphe.	Lefaucheux (*début*).
Armand	Maris (*début*).
Saturne, Le Notaire . .	Géraizer.
Un restaurateur . . .	Reizer.
Un turc	Kerkaert (*début*).
Un pierrot	Fraysse (*début*).
Un garçon	Choquet (*début*).
Mme Chiquot	Mmes Dechoix.
Félicité	Géraizer.
Victorine.	Bonelli.
Amanda	Rigault.
Aglaé.	D'Astruc (*début*).
Boulotte	Mathilde (*début*).
Nini	Garry (*début*).
Roxelane.	Gourdon.

Une maison du quartier latin abrite en même temps
l'étude du notaire Dulis et un atelier de peinture. Clercs et
rapins, qui voisinent et festoient ensemble, forment le projet d'aller passer au bal la nuit du Mardi-Gras. Ils mettent
au Mont-de-Piété leurs vêtements ordinaires et se déguisent,
les hommes en chicards, leurs maîtresses en débardeurs.
Parmi les premiers est Ernest Duplanty, second clerc de
Dulis, que malheureusement un nommé Ducharme, ex-mar-
chand de bois de Senlis, vient chercher pour le présenter à
sa fille qu'il veut lui faire épouser. Ernest est absent, et
Ducharme tombe au milieu de dames plus attrayantes les
unes que les autres. Cela n'est pas pour le gêner, car il fut
jadis grand noceur, et, autant pour surveiller Ernest que
pour revivre quelques heures de son passé, il décide de
rejoindre au bal la bande joyeuse. Il s'y rend, en effet, sous
un costume de femme sauvage, abreuve les débardeurs,
intrigue puis provoque les chicards, se montre enfin le plus
fou des hommes. Mais le vin chaud qu'il paie monte à la
tête de Félicité, maîtresse d'Ernest, qui incite au moment

du souper les convives à jeter les couverts et les meubles
par les fenêtres; sur quoi le restaurateur furieux envoie
chercher la garde. Ruinés par le coût de la casse, les jeunes hommes ne peuvent retirer les effets mis en gage et
réintègrent en costumes l'étude de M⁺ Dulis qui, revenu à l'improviste de Fontainebleau où il instrumentait, se demande
ce que sont les masques qu'il voit baillant et grelottant
chez lui. Ducharme, que sa nuit a satisfait, explique de son
mieux l'aventure et tire d'embarras cette jeunesse avec
laquelle il s'est encore une fois diverti   il regagnera Senlis le lendemain, en compagnie d'Ernest, voué au conjungo.

Intrigue peu fine mais amenant parfois des situations gaies. Les légendes qui lui donnent son titre
défilaient, à l'acte du bal, avec à-propos et rappe-
laient suffisamment l'humour du célèbre artiste.
Quant à la musique, vive, pleine de variété, elle contenait de jolis pastiches, de piquantes parodies d'airs
célèbres. Cela joint au brio des interprètes justifia
l'accueil fait à cet à-propos carnavalesque.

9 février : reprise du *Sorcier*, opéra-comique en
1 acte, par Poinsinet, musique de Philidor.

Julien.	MM. Géraizer.
Blaise	Barnolt.
Simonne	Mmes Decroix.
Agathe	Bonelli.

M. Jules Adenis avait réduit à un les deux actes
du poème primitif représenté à la Comédie-Italienne
le 2 janvier 1764, et M. Ferdinand Poise s'était

chargé des remaniements musicaux nécessaires. Adapté ainsi à la scène moderne, *le Sorcier* fit plaisir, grâce surtout à son interprétation féminine.

16 mars: reprise du *Calife de Bagdad*, opéra-comique en 1 acte, par Saint-Just, musique deBoïeldieu.

Le Calife . . . . MM.	Berthé.
Le Cadi.	Gourdon.
Yémaldin	Sange.
Un juge.	Wagner.
Lémaïde. . . . . . . Mmes	Decroix.
Zétulbé	Rigault.
Késia	Géraizer.

Abondante en motifs trouvés, en morceaux réussis, cette pièce, créée au Théâtre Favart le 16 septembre 1800, fut applaudie comme elle le méritait.

16 mars : *L'Amour mannequin*, opéra-comique en 1 acte, par Jules Ruelle, musique de Théodore Gallyot.

Cornatoros. . . . . . . MM.	Croué.
Pedrito	Barnolt.
Un notaire.	Choquet.
Nizza. . . . . Mmes	Bonelli.
Diego	Rigault.

Cornatoros, machiniste espagnol passionné pour son art, a fabriqué une figure qui doit être la terreur des moineaux dévastateurs de fruits. Le bonhomme rêve la gloire pour son mannequin et la fortune pour lui-même, mais il redoute les

voleurs, envieux de son chef-d'œuvre. Ce n'est pas l'envie,
mais l'amour, qui incite au vol deux voisins de Cornatoros.
L'un, Pedrito, sot meunier, compte qu'en s'appropriant le
mannequin pour le rendre à son heure, il se créera des
titres à la main de Nizza, fille de l'inventeur ; l'autre, Diego,
qui est étudiant et roucoule des romances sous les fenêtres
de Nizza, dérobe l'homme de paille qu'il jette dans une
rivière à seule fin de se substituer à lui pour se voir cares-
ser du regard et de la voix par celle qu'il aime. Le voilà
donc allant, venant, parlant, chantant, embrassant au gré
de la naïve fillette, qui s'imagine avoir affaire à une
machine perfectionnée. Mais Pedrito retire de l'eau le mannequin authentique, il va le rapporter au créateur lorsque
Diego le lui enlève ; c'est conséquemment l'étudiant qui se
fait avec l'automate ouvrir la maison de Cornatoros et c'est
à lui qu'échoit la belle Nizza.

Folie à l'italienne, pleine de mouvement et de
verve, musique bien faite, succès.

27 avril : reprise de *l'Arbre enchanté*, opéra-comique
en 1 acte, d'après Vadé, musique de Gluck.

Thomas	MM. GOURDON.	
Lubin.	ENGEL.	
Blaise.	BARNOLT.	
Lucette	Mmes A. ARNAUD,	
Claudine, ...	GÉRAIZER.	

Ecrit en 1759 pour la cour de Vienne, représenté
à La Haye le 31 janvier 1771, et à Versailles le
27 février 1775, cet acte, que Dancourt puis Moline
avaient tiré du *Poirier* de Vadé et que Charles
Nuitter s'était évertué à rajeunir, prit brillamment

place dans l'écrin musical des Fantaisies-Parisiennes.

27 avril : *La Fête des Nations*, à-propos en 1 acte, par Arthur Pougin, musique d'Adrien Boïeldieu.

L'Industrie, ...	M. ENGEL.
La France.	Mmes HÉRICOURT (*début*).
L'Art	A. ARNAUD.
Jeunes filles	{ GÉRAIZER, BONELLI, RIGAULT.

Devant le Palais de l'Exposition Universelle, la France appelle toutes les nations du monde en ces termes :

Peuples civilisés, et vous peuples enfants,
Peuples jeunes ou vieux, modestes ou puissants,
Venez, accourez tous ! la France vous convie
A vous retremper tous aux sources de la vie.
Venez goûter ici les douceurs de la paix,
Sachez apprécier ses immenses bienfaits ;
La France, rayonnante et de gloire entourée,
Ouvre à chacun de vous son enceinte sacrée !...

Sur ces stances qu'écoutaient les nations personnifiées par la troupe du théâtre, le compositeur avait écrit une partition large et sévère qu'exécuta magistralement l'orchestre. Ce fut un succès d'auteurs, d'interprètes et de décor.

27 avril : *Les Défauts de Jacotte*, opérette en 1 acte, par Alfred Duru et Henri Chivot, musique de Victor Robillard.

Krenigmann . . . . **MM.** Bonnet.
Lebranchu . . . . Croué.
Farouchot . . . . Géraizer.
Jacotte . . . . Mmes Decroix.
Léocadie . . . . Mathilde.
Marguerite . . . . Gourdon.

La scène se passe à Dunkerque. Lebranchu, luthier ivrogne et fumeur, a pour associé Farouchot, ancien chef de
musique bretteur et bougon. Ce dernier devant épouser Léocadie, sœur même de Lebranchu, il devient nécessaire d'engager en sa place un employé intelligent. Pour l'avoir,
Lebranchu s'adresse à un confrère de Colmar, nommé Krenigmann, qui lui envoie immédiatement son fils Peters. Or
Marguerite, fille de Lebranchu, a fait ses études à Colmar ;
elle y a connu Peters, tous deux s'aiment, et c'est pour obtenir Marguerite que le jeune Alsacien feint de viser l'emploi
vacant. Mais, aux questions que lui adressent les associés,
il croit devoir répondre en flétrissant le vin, le jeu, l'amour
et l'escrime. Au lieu de se faire valoir, il s'aliène ainsi les
bonnes grâces des deux hommes et de la vieille fille qui
chargent Jacotte, leur servante, de congédier le maladroit.
Jacotte est compatissante et fine ; elle estime qu'en ce monde
les défauts servent plus que les qualités et, sur ses conseils,
Peters, revenant sur sa déclaration de principes, boit avec
Lebranchu, flirte avec Léocadie et accepte un duel contre
Farouchot. Jacotte s'arrange de façon à ce que Peters mène
à bien ces épreuves et excite l'admiration de Lebranchu qui
le veut engager à tout prix. Peters déclare alors être venu
pour épouser. Léocadie étant promise à Farouchot, Marguerite seule reste libre : c'est elle qu'on offre à l'Alsacien, qui
l'accepte en remerciant Jacotte de son précieux concours.

Ingénieuse farce, aidée d'une partition touffue et
plaisante ; d'unanimes bravos la récompensèrent.

29 avril : *Rumbo y calia,* ballet espagnol en 6 tableaux,

dansé par MM. Miguel, Salvator, Francisco, Mᵐᵉˢ Pépita, Mercédès et Mariquita.

Sans compter cette manifestation chorégraphique, les pantomimes, comédies ou revues, les Fantaisies-Parisiennes avaient, en moins de quinze mois, représenté trente-deux actes lyriques. Bien que ces ouvrages fussent d'inégale valeur, Martinet ne les considérait pas moins comme un titre aux faveurs gouvernementales. Déjà, pendant l'été précédent, des compositeurs avaient signé une pétition demandant que le petit théâtre fût subventionné. Estimant ne pouvoir être mieux servi que par lui-même, le directeur fit, en juin 1867, une démarche nouvelle. Sous ce titre : *De la Situation des Compositeurs de musique et de l'Avenir de l'Art musical en France*, il dédia au Ministre de la Maison de l'Empereur et des Beaux-Arts un Mémoire imprimé dans lequel, après constatation de l'impossibilité où étaient les trois grandes scènes lyriques d'accueillir les compositeurs débutants, il s'offrait pour remplir ce rôle et favoriser ainsi l'extension de l'art contemporain sans cesser de remettre en lumière les plus belles œuvres du passé, dans l'intérêt des dilettantes et des artistes eux-mêmes.

« C'est — disait-il — une exposition des produits de l'art musical, et une exposition continue, permanente, que se propose d'ouvrir le théâtre des Fantaisies-Parisiennes. Il prend l'engagement de jouer au moins dix-huit actes *nouveaux* par année, sans préjudice d'un certain nombre de reprises d'œuvres à tort abandonnées. Le titre même du théâtre indique suffisamment que, en tout ce qui a trait à la musique, tous les genres y seront représentés, depuis le grand opéra et l'opéra-comique jusqu'à la fantaisie en ce qu'elle peut avoir d'aimable et de gracieux. De plus, les Fantaisies-Parisiennes sollicitent l'honneur de représenter, chaque année, la cantate couronnée au grand concours du prix de Rome. Nous disons *représenter*, pour qu'on ne se méprenne pas sur notre pensée, et que l'on ne croie pas que nous voudrions nous borner à une simple exécution en habits de ville, préparée hâtivement et opérée sans chance de succès, comme cela a lieu parfois. Le théâtre ferait au contraire tous les frais de décors, de costumes et d'accessoires nécessaires, et apporterait tous ses soins à la mise à l'étude et aux répétitions. Quant au personnel du théâtre, il serait recruté autant que possible parmi les jeunes élèves du Conservatoire, qui viendraient là, après avoir acquis la connaissance théorique de leur art, compléter leurs études par l'expérience pratique du métier de chanteur et de comédien. Le théâtre des Fantaisies-Parisiennes deviendrait alors une sorte de Conservatoire pratique, d'Ecole normale appliquée à la musique et au théâtre, et il n'est pas besoin de longues réflexions pour se rendre un compte exact des services qu'il pourrait rendre à l'art dans de semblables conditions. »

Pour l'exécution de ce louable projet, le directeur des Fantaisies ne sollicitait que l'assurance d'une certaine recette par la souscription de 250 personnes versant annuellement et d'avance 250 francs, en échange desquels le théâtre réserverait à chaque participant une stalle numérotée aux premières représentations, plus une entrée permanente.

En attendant que des subsides lui vinssent soit des amateurs, soit de l'Etat, Martinet profita de l'Exposition pour tenir ouvert son théâtricule voué, comme précédemment, aux auteurs jeunes ou oubliés.

Une œuvre intéressante inaugura cette campagne estivale. En 1783 Mozart, étant à Vienne, avait composé deux actes d'un opéra-bouffe italien qui portait pour titre *l'Oca del Cairo* lorsque, découragé par la faiblesse du livret, il l'abandonna pour écrire *les Noces de Figaro*. *L'Oca del Cairo,* inachevée, resta entre les mains de la veuve de Mozart, et fut vendue par elle à l'éditeur André, d'Offenbach, qui la publia telle quelle. C'est chez André qu'un librettiste belge, alors inconnu, alla chercher l'ouvrage qu'on l'autorisa à faire représenter en France. Il arrangea le poème en y soudant un dénouement, tandis que Charles Constantin orchestrait la partition en l'augmentant de fragments empruntés au maître, et les Fantaisies purent offrir aux dilettantes cette curiosité de haut goût.

6 juin : *L'Oie du Caire*, opéra-bouffe en 2 actes, paroles françaises de Victor Wilder, musique de W.-A. Mozart.

Don Beltran .   .   . MM. Géraizeh.
Fabrice.   .   .   .   .   . Charles Laurent (*début*).

Pascal	MM. MASSON.
L'Eunuque. . . .	BONNET.
Isabelle. . . . . Mmes	A. ARNAUD.
Aurette.	GÉRAIZER.
Jacinthe	MATHILDE.

Ayant fait naufrage avec sa femme Jacinthe, Don Beltran est sorti seul des flots. Dix ans plus tard, et bien qu'il compte alors soixante hivers, l'idée lui vient de convoler avec sa jeune pupille Isabelle. Fabrice, neveu de Beltran, s'égaie puis s'indigne du projet de son oncle ; c'est mieux encore lorsqu'Isabelle paraît dans tout l'éclat de sa beauté, car Fabrice subjugué déclare nettement être amoureux d'elle. Fureur du vieillard qui congédie le jeune entreprenant. Mais le mal est fait, car Isabelle n'a pas écouté sans trouble les paroles de Fabrice, et celui-ci aura pour auxiliaires dans la place la suivante Aurette et le valet Pascal, soupirant de celle-ci. Pour débuter, Aurette fait écrire à Fabrice une lettre qu'elle attache au dos de Beltran. Cette lettre, annonçant une visite du jeune homme, fait qu'Isabelle refuse d'accompagner Beltran chez le notaire chargé de dresser leur contrat. L'oncle parti, le neveu entre pour chanter avec la fillette un duo d'amour qu'interrompt Beltran, revenu par prudence. Cette fois, Fabrice se voit défendre l'entrée de la maison, où il se promet bien de s'introduire par ruse. Don Beltran pourtant n'est point sot, mais que peut-il faire contre trois ennemis ? Feignant de le prendre pour Fabrice, Pascal le bâtonne, tandis que l'amoureux pénètre chez sa pupille au moyen d'une échelle. Conseillé par Aurette, Beltran va conduire Isabelle à la fête du pays, quand l'arrivée d'un eunuque lui donne une autre idée. Ce personnage apporte, dit-il, des nouvelles de dame Jacinthe qui, échappée comme Beltran au naufrage, a été vendue au souverain du Caire dont elle fut dix ans la favorite, et qui vient de mourir en léguant à son époux une oie automate considérée comme un prodige. Voilà qui pourrait distraire Isabelle sans l'exposer à de fâcheuses rencontres ! Vite Beltran fait venir l'animal mécanique, que l'eunu-

que amène avec l'aide d'un camarade qui n'est autre que
Fabrice voilé : mais, des flancs de la bète énorme, sort tout
à coup Jacinthe très vivante et qui présente à Don Beltran,
comme siens, trois enfants nés pendant sa longue absence.
Berné, raillé, le vieil oncle doit battre en retraite devant son
neveu triomphant.

Le sujet, comme on voit, est puéril, mais les vers
du traducteur semblèrent d'un tour ingénieux et
distingué. La musique, où l'on saisissait parfois
l'écho des plus belles inspirations du maître, fit plaisir, l'interprétation fut jugée très satisfaisante ; le
tout reçut, en somme, un accueil dont la mémoire
du compositeur n'eut point à souffrir et qui ne pouvait que satisfaire le librettiste. Nous lisons en effet,
sur la brochure offerte au directeur des Fantaisies,
cette significative dédicace : « *A Monsieur Martinet
qui a reçu ma première pièce et m'a valu mon
premier succès,*

son tout dévoué
V. WILDER. »

3 août : *Baldassari*, opéra-comique en 1 acte, par
Jules Ruelle, musique d'Henri de Mortarieu.

Baldassari	MM. BARNOLT.
Bartoloméo.	GUYARD (*début*).
1ᵉʳ sbire.	CHOQUET.
2ᵉ sbire.	WAGNER.
Rosa.	Mlle RIGAULT.

Histoire banale de tuteur, de pupille et d'amoureux fripon, partitionnette sans prétention ; ensem-

ble agréable, quoique naïf, et qu'un certain succès
récompensa.

3 aoùt : *Les Soufflets*, opéra-comique en 1 acte, par
Mélesville, musique de H. D. Mélesville fils.

Calabrico	. . . .	MM. Géraizer.
Clistofor	. . . .	Barnolt.
Flora	. . . .	Mme Goby-Fontanel.

Flora, bouquetière madrilène, a deux adorateurs : Don
Ramirès Calabrico, vieux noble marié, et José Clistofor, fils
d'un pharmacien. Elle n'aime ni l'un ni l'autre, mais voudrait bien palper les ducats qu'ils lui offrent sans rien
accorder des faveurs qu'elle réserve à certain beau toréador. Jalouse de ce dernier, elle se costume en homme et va
se mettre à sa recherche quand elle se heurte à Clistofor
et, arrêtée par lui, le soufflette sans être reconnue. Pour
tirer vengeance de cet outrage, Clistofor va quérir une épée
chez un armurier, après avoir demandé le nom de l'offen-
seur. — « Je suis Don Ramirès Calabrico », dit Flora qui
pense avoir le temps de s'esquiver ; mais, en courant, elle
marche sur le pied de Calabrico ; au lieu des excuses
qu'attend le bonhomme, elle lui donne un soufflet et un
nouveau duel se décide. Flora s'esquive pour revenir, toujours travestie, au moment où les deux soufflettés se bat-
tent l'un contre l'autre. Feignant d'être à la tête d'une
patrouille, elle les interroge, et sur la déclination de leurs
noms : — « C'est donc vous, dit-elle, qui avez voulu séduire
ma sœur ! » — Le prétendu frère le prend de si haut que, par
peur d'un scandale, Calabrico offre 400 ducats et Clistofor
200. Flora prend les deux bourses et rentre chez elle sous
prétexte de consulter sa sœur. De la rue, les galants
entendent le dialogue qui s'engage entre le frère dont la
grosse voix conseille l'indulgence et la sœur qui refuse

d'accepter le prix de sa honte. Finalement la matoise, redevenue femme, se fait faire des excuses et garde l'argent qui lui servira à devenir parfumeuse de la cour.

Imbroglio contenant des situations gaies que servait une musique bien appropriée : demi-réussite.

Le soir même où ces actes entraient au répertoire des Fantaisies-Parisiennes, Martinet recevait du ministre des Beaux-Arts, comme réponse à la brochure envoyée deux mois plus tôt, la lettre suivante :

Palais des Tuileries, le 3 août 1867.

Monsieur le Directeur,

J'ai reçu le Mémoire que vous m'avez adressé sur la situation des compositeurs de musique, et je l'ai lu avec d'autant plus d'intérêt que je me préoccupais précisément de seconder les musiciens en leur facilitant l'accès des théâtres impériaux.

Si petit qu'il soit, et par cela même qu'il est plus petit, votre théâtre pourra servir utilement au début des jeunes compositeurs et des jeunes artistes ; il l'a fait depuis dix-huit mois, et il me paraît appelé à le faire encore davantage.

Ne pouvant mieux reconnaître vos efforts qu'en encourageant les compositeurs que vous aidez à se produire, j'accorde sur les fonds des Beaux-Arts une somme de 1.000 francs à celui dont la partition exécutée depuis l'ouverture de votre théâtre aura été jugée la meilleure. Ces messieurs nommeront à cet effet un jury de cinq membres, ou prononceront eux-mêmes, si bon leur semble. Des mesures vont être prises pour donner suite à ma décision.

Recevez, Monsieur le Directeur, etc.

Le Maréchal de France,
ministre de la maison de l'Empereur et des Beaux-Arts,

Vaillant.

1.000 francs une fois versés, alors qu'il en jugeait
62.500 nécessaires chaque année, constituaient vraiment une faveur médiocre ; mais, si faible qu'elle
fût, cette allocation établissait entre le petit théâtre
et l'autorité supérieure un lien dont Martinet pouvait par la suite profiter pour entrer au Conservatoire et donner à cet établissement l'orientation
artistique qui lui faisait défaut : il l'accepta donc
comme promesse autant que comme récompense.
Suivant la méthode indiquée par le ministre, un
jury de cinq membres fut nommé par les intéressés
dont trois, MM. Boïeldieu, Cohen et Anthiome,
déclarèrent renoncer à toute compétition. Six con-
currents restaient alors en présence : MM. Duprato,
Jonas, Barbier, Gallyot, Pillevestre et Robillard.
A l'unanimité, dans une séance tenue le 9 août,
les jurés déclarèrent que la partition de *Sacripant*
était considérée par eux comme la meilleure ; le
prix, en conséquence, fut décerné à M. Jules
Duprato. Et l'intelligent labeur de la direction
continua.

15 août : *Salut !* cantate, par M. de Lyden, musique
de Charles Constantin.

29 août : reprise du *Nouveau seigneur de village*, opéra-
comique en 1 acte, par Creuzé de Lesser et Favières,
musique de Boïeldieu.

Le Marquis . . . . MM. Masson.
Frontin. . . . . Arsandaux.

Le Bailli . . . . MM. Derval (*début*).
Blaise . . . . Barnolt,
Colin . . . . Engel.
Babet . . . . Mme Deneux.

Créée à l'Opéra-Comique le 29 juin 1813, cette charmante production fit applaudir une fois de plus le maître, dont la gracieuse musique effaçait les rides du livret.

3 octobre : reprise de *Freluchette*, opérette en 1 acte, par Pol Mercier, musique d'Edouard Montaubry (des Folies-Nouvelles, 27 mars 1856).

Cacatois . . . . MM. H. Bonnet.
Dorian. . . . . Barnolt.
Freluchette . . . . . . Mme Decroix.

Nous avons apprécié ailleurs cette bluette qu'on eût, sans inconvénient, pu laisser dans l'oubli.

8 octobre : reprise du *Déserteur*, opéra-comique en 3 actes et 4 tableaux, par Sedaine, musique de Monsigny.

Alexis . . . . MM. Ch. Laurent.
Montauciel . . . . . Gabriel Bonnet (*début*).
Bertrand . . . . . . Barnolt.
Courchemin . . . . . Géraizer.
Jean-Louis. . . . . . Duval.
Un geolier. . . . . . Guyard.
Louise . . . . Mmes A. Arnaud.
Jeannette . . . . . . Deneux (*début*).
La Tante . . . . . . Chevalier (*début*).

Cette pièce qui, depuis sa création à la Comédie-Italienne (6 mars 1769), n'avait guère quitté l'affiche des théâtres lyriques, eut aux Fantaisies la chance d'être brillamment interprétée. Le débutant Bonnet (Gabriel) se révéla bon chanteur et bon diseur au milieu de ses camarades éprouvés déjà et que guidait un orchestre toujours excellent.

26 novembre : reprise du *Planteur*, opéra-comique en 3 actes, par H. de Saint-Georges, musique d'Hippolyte Monpou.

Jackson	MM.	Géraizer.
Sir Arthur.		G. Bonnet.
Caton		Duval.
Le Shérif		Guyard.
Jenny	Mmes	Géraizer.
Emma.		Labarre (*début*).

Raccourcie et un peu remaniée par son vénérable auteur, cette pièce du répertoire de l'Opéra-Comique (1er mars 1839), sembla très agréable. Elle était bien chantée, surtout par Mlle Labarre à qui l'on promit alors un brillant avenir.

Après quinze jours au plus de fermeture, la salle des Fantaisies rouvrit avec des modifications nouvelles. Où n'existait qu'une longue file de sièges adossés à un mur tapissé de papier cramoisi, s'éleva désormais un premier étage avec double rang de galeries, des avant-scènes, des couloirs commodes. Le prix des places était, en outre, abaissé de façon à rendre le théâtre accessible aux familles. Un très bon spectacle inaugura le local amendé.

3 février 1868 : reprise du *Farfadet*, opéra-comique en
1 acte, par E. de Planard, musique d'Adolphe Adam.

Le Bailli	MM. Guyard.
Marcelin	Masson.
Bastien	Barnolt.
Laurette	Mmes Deneux.
Babet	Géraizer.

Cet acte, joué à l'Opéra-Comique le 19 mars 1852,
offre des situations peu variées ; il plut néanmoins,
grâce aux charmants motifs semés par le compositeur et que faisaient valoir les nouveaux interprètes.

3 février : *La Croisade des dames*, opéra-comique en
1 acte, paroles françaises de Victor Wilder, musique de
François Schubert.

Thrasybule	MM. Géraizer.
Hector	Ch. Laurent.
Astolphe	Masson.
Frédéric	Guyard.
Cunégonde	Mmes Decroix.
Hélène	A. Arnaud.
Suzanne	Alice Vois (*début*).
Ludgarde	Deneux.
Un page	Eugénie (*début*).

L'action se passe en Allemagne, au temps des Croisades.
Le baron Thrasybule de Pompernicle et tous les seigneurs
valides du pays sont partis pour la Palestine, au grand
chagrin de leurs épouses qui se morfondent deux ans à les
attendre. Ils annoncent enfin leur retour, mais un retour
temporaire, car des exploits encore les sollicitent. La pers-

pective de cette nouvelle absence exaspère Cunégonde, femme du baron, qui réunit dans le château de Pompernicle toutes ses compagnes pour les engager à retenir les volages par leurs manifestations de tendresse. Toutes y consentiraient, si la suivante Suzanne n'émettait l'avis que, pour punir ces messieurs, les dames devraient, au contraire, les accueillir avec la plus grande froideur. Son conseil prévaut, de sorte que, lorsque les croisés font une rentrée qu'ils jugent triomphale, ils sont reçus avec une indifférence qui les déconcerte. Par bonheur Hector, valet du chevalier Hugues, fiancé d'Hélène, fille des Pompernicle, a surpris le complot des dames; il révèle au baron que, si les croisés refusent de s'engager à ne plus quitter leurs domaines, ils n'obtiendront des révoltées jamais rien. L'ultimatum vexe les guerriers, qui s'engagent à leur tour à demeurer de marbre. Prêchant d'exemple, Thrasybule soutient victorieusement l'assaut que lui livre Cunégonde, oublieuse de son serment. Afin de s'amuser de la baronne déconfite, Hector lui raconte que, pour échapper à un péril mortel, son mari a fait vœu de la traiter en étrangère jusqu'à ce qu'elle se soit enrôlée parmi les défenseurs de la foi. De plus en plus troublée, Cunégonde se laisse cuirasser et casquer par Suzanne, complice d'Hector. Elle est, en cet équipage, surprise par le baron ravi, mais l'embarras qu'elle éprouve se dissipe bientôt en voyant arriver dans son salon toutes les dames armées de pied en cap. L'amour ayant été plus fort que le dépit, on marie Hélène à Hugues, et tous les couples font la paix en attendant de partir pour la guerre.

Joué en septembre 1861 à Francfort, sous le titre des *Conjurés, ou la Guerre domestique*, cet ouvrage y avait été chaudement applaudi. Victor Wilder, devenu le librettiste en titre des Fantaisies, s'était tiré avec adresse de sa version française. La partition était fort belle, surtout au point de vue choral; on lui fit fête d'autant plus que la troupe, renforcée de la dugazon Alice Vois, la chantait avec un réel talent.

3 février : *L'Elixir du Docteur Cornélius*, opérette en 1 acte, par Henri Meilhac et Arthur Delavigne, musique d'Emile Durand.

Cornélius	MM. Duval.
Frantz	G. Bonnet.
Frédérique	Mmes Labarre.
Lisbeth	Decroix.

L'officier Frantz aime Frédérique, nièce du docteur Cornélius, et est aimé d'elle. Pour l'obtenir, il décide d'exploiter, avec l'aide de la servante Lisbeth, un travers d'esprit du savant. Cornélius, en effet, croit à la transmigration des âmes. Bizarrement costumé, Frantz se présente à lui et le somme de lui rendre son honneur perdu. A l'appui de sa requête il déclare que, deux cents ans plus tôt, son âme était dans le corps d'une jeune fille qui fut séduite par un beau soldat. D'existence en existence, d'incarnation en incarnation, il a suivi l'âme du traître et il sait qu'elle est actuellement dans le corps de Frédérique. Un mariage seul peut réparer le tort causé jadis. Le bon docteur n'y répugne point, mais il veut s'assurer d'abord si sa nièce a gardé souvenance de son lointain passé. Non prévenue, Frédérique rit d'abord des questions folles qu'on lui adresse, mais Cornélius recourt à l'élixir qu'il a composé et qui a pour vertu de rendre la mémoire. A son grand plaisir la jeune fille, que Lisbeth a pu mettre au courant, prend un ton viril, des allures guerrières et se met à faire la cour à Frantz qui, par contraste, semble doué des pudeurs d'une jeune fille. L'épreuve étant concluante, le docteur, sûr d'être un grand homme, donne Frédérique à son amant.

Excentrique mais plein de scènes adroites, ce

livret permettait au compositeur de varier ses inspirations. M. Emile Durand, second prix de Rome
et professeur au Conservatoire fit, par une musique
vive et facile, son début théâtral attendu dix années.

18 mars : *Roger-Bontemps*, opéra-comique en 2 actes,
par Clairville et Bernard Lopez, musique de J.-J. Debillemont.

Roger-Bontemps . . .	MM.	G. BONNET.
Moutonnet		DUVAL.
Jolibois		MASSON.
Jean-Pierre		LEVAUX (*début*).
Jeanne	Mmes	ALICE VOIS.
Marguerite		LABARRE.
Claudine		CHEVALIER.
Toinette		ESTHER.
Jeannette		DEHAISSE.
Louison		HÉLÈNE.
Rose		DÉBORAH.
Mathurine		JEANNE.
Babet.		VICTORINE.

(débuts).

Donné en 1 acte au Vaudeville le 14 octobre 1848,
cet ouvrage avait subi des changements ralentissant
sa marche et altérant un peu le type de son héros.
Malgré les mélodies semées par le compositeur, ce
ne fut qu'un demi-succès, et la version nouvelle resta
manuscrite.

26 mars : reprise du *Muletier*, opéra-comique en
1 acte, par Paul de Kock, musique d'Hérold.

> Rodriguez. . . . . MM. Duval.
> Henriquez. . . . . . . Laurent.
> Flandrinos . . . . . . Barnolt.
> Inésia . . . . Mmes Deneux.
> Zerbine . . . . Géraizer.

Créé à l'Opéra-Comique le 12 mai 1823, cet ouvrage, quoique leste et un peu vulgaire, plut encore.

26 avril : reprise de : *Le 66*, opérette en 1 acte, par De Forges et Laurencin, musique de Jacques Offenbach (des Bouffes-Parisiens, 31 juillet 1856).

> Frantz . . . . MM. Barnolt.
> Berthold . . . . . . Géraizer.
> Grittly. . . , . . . Mme Deneux.

Concession faite, comme la suivante remise, à la partie frivole du public.

10 mai : reprise d'*Un Drame en 1779*, opérette bouffe en 1 acte, paroles et musique d'Hervé.

> Polyeucte, Eustache . . ⎱
> Le Marquis . . . . . . ⎰ MM. G. Bonnet.
> Rosita d'Urlupière . . . Barnolt.

Dans l'histoire des Folies-Nouvelles, qui le révélèrent le 21 avril 1855, nous avons longuement raconté cet acte fou ; à la surprise générale, il produisit, boulevard des Italiens, un énorme effet.

15 mai : *Le Barbier de Séville*, opéra-comique en 4 actes, d'après Beaumarchais, traduction nouvelle de Victor Wilder, musique de Paisiello.

Almaviva	MM. Ch. Laurent.
Bartholo.	Géraizer.
Figaro	Arsandaux.
Basile.	Magne (*début*),
La Jeunesse.	Bonnet.
L'Eveillé.	Barnolt.
Le Notaire	Roche (*début*).
L'Alcade.	Lefaucheux.
Rosine	Mlle Darcier (*début*).

L'analyse d'un livret, qui suit respectueusement la comédie classique, serait inutile. Représenté à Saint-Pétersbourg en 1780, quatre ans plus tard à Trianon puis à Versailles, à Paris enfin le 22 juillet 1789, *le Barbier* de Paisiello fut, à propos de cette reprise, comparé pour la centième fois à celui de Rossini. La critique reconnut qu'à côté de formules banales ou usées plusieurs morceaux dénotaient une grande sensibilité, tandis qu'une franche verve comique distinguait nombre d'autres. L'interprétation était, dans son ensemble, satisfaisante, mais M. Magne déplut et Mlle Darcier, en voulant être sémillante, sembla surtout maniérée.

30 mai : *L'Amour mouillé*, opéra-comique en 1 acte, par Michel Carré, Jules Barbier et Amédée de Beauplan, musique de S. de Hartog.

Calfucius. . . . . . . MM. G. Bonnet.
Saturne . . . .   Barnolt.
Bertha. . . . . Mlle Alice Vois.

Un vaudeville créé au Gymnase le 5 mai 1850, et qui était l'adaptation d'une ode d'Anacréon popularisée par La Fontaine, avait donné prétexte à cette partition dans laquelle on trouva des parties méritoires mais qui fut, au total, médiocrement goûtée. En présence de cet insuccès, Martinet crut devoir écrire à diverses feuilles qu'il n'avait joué *l'Amour mouillé* que sur les instances de M. Barbier et pour l'obliger personnellement. Une pareille inconvenance méritait une leçon, que le musicien lui donna en ces termes :

> Monsieur le Directeur,
>
> J'ignore absolument quelles sottes allégations ont pu se produire au sujet de mon petit opéra de *l'Amour mouillé*, reçu et représenté, dites-vous, sur votre théâtre à la seule considération de mon collaborateur M. J. Barbier ; mais le ton agressif de la lettre que vous adressez à plusieurs journaux, comme pour vous justifier d'avoir fait exécuter ma partition, me fait un devoir de la retirer.
>
> Mon collaborateur pense comme moi qu'il eût mieux valu prendre la peine de la connaître et d'en assurer la bonne exécution, que de la condamner si cavalièrement après une première représentation qui n'a pas permis de la juger.

N'ayant point de raison pour affronter les mois d'été, les Fantaisies fermèrent le 16 juin 1868 ; elles rouvrirent le 26 septembre avec des pièces connues, auxquelles succédèrent bientôt des nouveautés ou des redites plus ou moins motivées.

3 octobre : reprise de *Gervaise, ou Qui a bu boira*, opéra-comique en 1 acte, par Hippolyte Lefebvre et Alexis Bouvier, musique de Frédéric Barbier.

Maclou	MM. Davoust (*début*).
Eloi	Barnolt.
Gervaise	Mmes Decroix.
Jeanneton	Auclair (*début*).

Le Théâtre International avait, le 12 juin 1867, représenté cette paysannerie qui, bien qu'applaudie modérément, fut imprimée à l'occasion de sa remise en scène.

17 octobre : *Le Soldat malgré lui*, opéra-comique en 2 actes, par Henri Chivot et Alfred Duru, musique de Frédéric Barbier.

Le Grand-Duc Christian . .	MM. Davoust.
Christophe	G. Bonnet.
Crakenberg	Soto.
Stralheim	Stroheker (*début*).
Edwige	Mmes Flachat (*début*).
Catherine	Decroix.

Christian, grand-duc d'Oldenbourg, rêve d'avoir une armée composée d'hommes irréprochables au physique. Rencontrant, au cours d'une promenade faite incognito, Christophe, garçon de ferme, il est enchanté de sa robustesse et lui pro-

pose d'être militaire. Christophe, qui vient d'obtenir la main
de la fermière Edwige Muller dont il est depuis longtemps
amoureux, refuse pour cette raison et parce qu'il déteste le
métier des armes. Mais le grand-duc est obstiné ; il donne
des ordres au major Crakenberg, et Christophe est enlevé
par des soldats au moment où il annonce à ses amis son
bonheur prochain. Le valet a non moins d'entêtement que le
prince ; incorporé malgré lui, il décide de faire sottise sur
sottise afin qu'on le raye des cadres de l'armée, mais c'est au
grand-duc, qui s'est donné pour le barbier de Christian, qu'il
dévoile son plan de révolte. Ce projet, par suite, aura des
résultats bizarres. Christophe, mis au cachot pour refus de
service, s'évade en brisant des barreaux ; il attend de cela
un châtiment sévère quand, sur l'ordre du grand-duc, le
major le fait caporal. Récidivant d'une façon plus grave, il
casse tout dans la chambrée, bat ses camarades et déserte ;
c'est un nouveau grade qu'il récolte et le voilà sergent. Apprenant pourtant la raison qui fait de Christophe un rebelle, le
grand-duc, toujours déguisé, donne à Edwige un billet qu'elle
devra remettre à Crakenberg si elle veut sauver son ami. La
fermière, qui répugne à pénétrer dans une caserne, charge
de la commission sa servante Catherine. Or l'écrit ordonne
au major de marier la femme qui le détient à Christophe.
Esclave de toute consigne, Crakenberg veut unir sur-le-
champ le valet à Catherine. Christophe, exaspéré, se débat et
soufflette le major. Un duel va s'en suivre lorsqu'en grand
costume le grand-duc apparaît et répare l'erreur commise
en poussant Edwige dans les bras de Christophe. Celui-ci,
vaincu, consent à rester soldat et à accepter tous les grades
qu'on voudra lui donner encore. Crakenberg, comme indem-
nité de l'affront reçu, épousera Catherine, dotée par son
prince.

Sujet original et amenant maintes situations drôles ; une musique vive, pétillante, toujours mélodique, servait au mieux les librettistes ; un franc succès récompensa cette collaboration heureuse.

11 novembre : reprise de *La Fête du village voisin,*
opéra-comique en 3 actes, par Sewrin, musique de
Boïeldieu.

Le Baron de Fonviel. . .	MM. Thierry (*début*).
De Renneville.	Mortier (*début*).
Henri	Arsandaux.
Rémi	Davoust.
Mme de Ligneul	Mmes Cazat (*début*).
Rose.	Flachat.
Geneviève	Decroix.
Une marchande	Persini (*début*).

Une partition gracieusement fantaisiste relève
l'intrigue assez pâle de cette pièce, jouée pour la première fois au Théâtre Feydeau le 5 mars 1816, et
que de bons interprètes firent applaudir chez Martinet.

21 décembre : reprise de *Gilles ravisseur*, opéra-comique en 1 acte, par Thomas Sauvage, musique d'Albert
Grisar.

Gilles	MM. G. Bonnet.
Crispin.	Soto (*début*).
Valentin	Barnolt.
Cassandre.	Davoust.
Pancrace	Stroheker.
Léandre	Doncomy (*début*).
Isabelle	Mmes Persini.
Javotte.	Chevalier.

Livret rempli de vers heureux, musique d'une

verve irrésistible ; ces mérites combinés firent una-
nimement approuver la remise de l'ouvrage né à
l'Opéra-Comique le 21 février 1848.

Un très heureux hasard mit, vers cette date, les
Fantaisies en possession d'une œuvre qui devait leur
valoir autant de gloire que de profit. Federico Ricci,
maestro célèbre au-delà des Alpes, avait en porte-
feuille un opéra-bouffe destiné au Théâtre Italien de
Paris. M. Bagier directeur de cet établissement,
désirait prendre connaissance de l'ouvrage ; l'auteur,
lui, prétendait qu'on le reçût de confiance. Instruit
du débat, Martinet fit des offres, obtint le manuscrit qu'adapta son poète ordinaire, et offrit bientôt
aux amateurs cette primeur sensationnelle.

30 janvier 1869 : *Une Folie à Rome*, opéra-bouffe en
3 actes, par Victor Wilder, musique de Federico Ricci.

Don Pacifique. . . .	MM.	Soto.
Fabien		Arsandaux.
Maurice.		Ketten (*début*).
Beppo		Francisque (*début*).
Laurence	Mmes	Marie Marimon (*début*).
Elvire		Persini.
Nicette		Decroix.

Un bourgeois de Bergame vient de mourir en léguant tout
ce qu'il possède à sa nièce Laurence, sous la condition formelle qu'elle épousera un sien ami, Don Pacifique. Laurence,
qui habite Rome, aime le jeune Maurice, dont elle est ado-
rée. Cet amour réciproque ne leur inspire cependant pas
la résolution de renoncer à l'héritage qui, dans ce cas,

reviendrait au futur dédaigné; ils préfèrent jouer au vieux
Pacifique des tours assez cruels pour l'amener à refuser
lui-même la main de l'héritière. Dans ce projet, Laurence
sera aidée par son amie Elvire, jolie veuve que courtise
l'avocat Fabien, et qui somme celui-ci de prêter son concours sous peine d'être éconduit par elle. Aux deux couples
se joindra la suivante Nicette ; c'est donc contre cinq ennemis que devra lutter le pauvre Pacifique. L'entrée qu'il
opère n'est pas faite pour l'encourager, car Nicette refuse
de répondre à ses questions et Elvire, flanquée de Fabien,
lui rit au nez. Il parvient pourtant à voir Laurence, qui fait
montre d'un fâcheux caractère et lui déclare nettement posséder pour amants un capitaine, un baryton et un petit
abbé. A bon droit suffoqué, le prétendant se ressaisit à la
pensée de la dot à toucher et maintient sa demande que
Laurence alors déclare accueillir. C'est, comme on pense, une
feinte, car bientôt Fabien annonce à Pacifique que sa future
a perdu l'esprit. La jeune fille, en effet, vient jouer au
vieillard une scène de folie qu'il supporte assez bien. Mais
voici que Maurice, Elvire et Fabien, déguisés, se présen-
tent pour se déclarer tous les trois les amants de Laurence
et provoquer l'un après l'autre Pacifique qui doit les suivre
en tremblant. Il échappe aux combats pour être victime de
la ruse. Au cours d'une grande fête donnée sur la place
San Carlo, Maurice, travesti en astrologue, annonce à son
rival qu'il est aimé d'une Albanaise charmante et maîtresse
d'une fortune colossale. Du coup le bergamasque s'émeut et,
quand l'Albanaise (qui n'est autre qu'Elvire) apparaît,
il est conquis au point de renoncer par écrit à Laurence,
dont elle se déclare jalouse. Une réflexion prudente empêche Pacifique de se séparer de l'acte qu'il met en sa poche,
mais des danseuses l'entourent et, tandis qu'il se débat
contre elles, un petit lazzarone lui dérobe l'écrit dont s'empare Maurice : Laurence est libre sans avoir compromis son
droit à la fortune avunculaire.

C'est la donnée de *Pourceaugnac,* de *Don Pas-*

quale, de vingt autres poèmes comiques, mais, sur ce sujet vieux d'idée et monotone de situations, Ricci avait brodé une partition à l'italienne verveuse, distinguée, empreinte d'une gaieté robuste. Le public, charmé par ces mélodies vives, colorées, supérieurement rythmées, toujours élégantes, rappela et bissa tout le long des actes. Après lui la critique qualifia de chef-d'œuvre la musique de Ricci, qu'en tête des artistes accoutumés chantait délicieusement Marie Marimon, ex-prima donna des grandes scènes.

Du coup le petit théâtre, dédaigné jusque-là par la foule (1), conquit une nombreuse clientèle. Le contenu excédant même le contenant du local, il fallut, coûte que coûte, remédier à cette disproportion. La salle de l'Athénée, située rue Scribe 17, était alors vacante. Martinet, rêvant la fortune, n'hésita pas à la louer pour quinze ans et à y transférer son exploitation. Le déménagement s'opéra en vingt-quatre heures, et, le 11 février 1869, la septième audition d'*Une Folie à Rome* fut donnée rue Scribe, devant une chambrée complète.

Les lendemains de la pièce en vogue se compo-

---

(1) Nous avons fait connaître le résultat mince de sa première campagne ; voici les recettes non moins faibles encaissées pendant les années subséquentes :

Septembre 1866 à juin 1867. . . .	97.425 fr. 50
Juin 1867 à juin 1868.	122.048 » 75
Septemb e 1868 à mars 1869. . . .	116.334 » 50

Au total 124.499 fr. 75 pour 36 mois de travail effectif, soit en moyenne 374 fr. 50 par représentation.

saient d'ouvrages déjà vus, auxquels s'ajouta bientôt une évocation favorable.

27 mars : reprise du *Sourd*, opéra-comique en 3 actes,
d'après Desforges, par De Leuven et Ferdinand Langlé,
musique d'Adolphe Adam.

Le chevalier d'Orbe . . . . MM.	G. BONNET.
Doliban	DAVOUST.
Danières.	BARNOLT.
Isidore d'Olbe . . . . . Mmes	PARENT.
Joséphine Doliban . . .	BONNEFOY (*début*).
Mme Legras	DECROIX.
Pétronille	FLACHAT.

Créée à l'Opéra-Comique le 2 février 1853 et pas-
sée au Théâtre-Lyrique en 1856, cette jolie partition
fit plaisir de nouveau.

Un mois suffit aux Parisiens pour apprendre la
nouvelle adresse du « Quatrième théâtre lyrique ».
Jugeant alors que l'enseigne primitive ne correspon-
dait plus à ses aspirations, Martinet la changea avec
la promptitude dont il était coutumier. En conséquence, le 1ᵉʳ avril 1869, les premières Fantaisies-
Parisiennes devinrent le deuxième *Théâtre de
l'Athénée*. C'est sous cette rubrique que nous achè-
verons leur monographie, après avoir donné l'histoire des entreprises qui recueillirent successivement
le titre abandonné, ainsi que celle du premier
Athénée.

TABLE ALPHABÉTIQUE

DES 63 PIÈCES (1) COMPOSANT LE RÉPERTOIRE DU PREMIER THÉATRE

DES

FANTAISIES-PARISIENNES

(1) 36 nouveautés, dont 24 imprimées, et 27 reprises, dont 1 éditée à cette occasion.

Deuxième Théâtre

DES

FANTAISIES-PARISIENNES

1878-1884

Pendant les cinquante-sept années qu'elle dura, l'entreprise inaugurée près de la Bastille le 5 décembre 1835, comme *Théâtre de la Porte-Saint-Antoine*, et qui avait pris, le 8 octobre 1842, le nom de *Théâtre Beaumarchais*, renonça deux fois à ce dernier vocable. Elle fut, en 1849, *l'Opéra-Bouffe Français*, et, du 29 août 1878 au 28 février 1884, *les Fantaisies-Parisiennes*. Ces changements correspondaient à des tentatives lyriques. Deux mois suffirent pour ruiner la première ; la seconde, plus favorisée, rencontra des succès qui prolongèrent son existence à travers maintes vicissitudes. Huit directeurs, en effet, se succédèrent aux secondes *Fantaisies-Parisiennes*, changeant à leur gré le genre ou l'enseigne du théâtre. Pour le public simpliste et pour la presse agacée, le nom de *Beaumarchais* prévalait justement. C'est sous ce titre donc que nous analyserons un jour les pièces créées pendant cette période transitoire, et dont voici déjà la nomenclature précise.

DIRECTION DEBRUYÈRE

29 août 1878 : *Un Vieux soudard*, opéra-comique en 1 acte, par Favin, musique d'Henri Perry. — *Non imprimé*.

29 août : *La Croix de l'alcade*, opéra-bouffe en 3 actes, par Vast. Ricouard et Favin, musique d'Henri Perry.

31 octobre : *Don Juan marié, ou la Leçon d'amour*, opéra-comique en 1 acte, par H. Escoffier, musique d'Eugène Anthiome. — *Non imprimé*.

13 décembre : *Par intérim*, vaudeville en 1 acte, par Paul Burani et Maxime Boucheron. — *Non imprimé*.

13 décembre : *Le Droit du seigneur*, opéra-comique en 3 actes, par Paul Burani et Maxime Boucheron, musique de Léon Vasseur.

10 mai 1879 : *L'Oraison de Saint-Julien*, vaudeville en 1 acte, par Armand Lafrique et Marius Baggers. — *Non imprimé*.

15 novembre : *Le Billet de logement*, opéra-comique en 3 actes, par Paul Burani et Maxime Boucheron. musique de Léon Vasseur.

3 mars 1880 : *La Girouette*, opéra-comique en 3 actes par Emile Hémery et Henri Bocage, musique d'Auguste Cœdès.

7 mars (matinée) : *Entre deux balcons*, comédie en 1 acte, par la Comtesse Lionel de Chabrillan. — *Non imprimée*.

10 mars : *A l'essai*, comédie en 1 acte, par A. Cahen et G. Sujol.

5 juin : *Entre Saint-Ouen et Charenton*, folie-vaudeville en 1 acte, par A. Cahen et G. Sujol.

DIRECTION DENANT (1er septembre 1880).

1er septembre : *Le Ménétrier de Meudon*, opérette en 3 actes, par Gaston Marot et Jonathan, musique de Germain Laurens.

18 septembre : *Le Rat de ville et le Rat des champs*, opérette en 1 acte, par Achille Eyraud, musique de Germain Laurens.

12 novembre : *Bastille-Madeleine*, revue en 5 actes et 6 tableaux, par Henry Buguet. — *Non imprimée*.

8 février 1881 : *La Calza*, opérette-bouffe en 3 actes, par Paul Tillier, musique d'A. Mansour. — *Non imprimée*.

DIRECTION CUET-MARTIN (5 mai 1881).

5 mai — 1re à Paris : — *Criminel malgré lui*, comédie-vaudeville en 1 acte, par Gaston Marot et Edouard Philippe (des Variétés de Lyon).

11 juin : *Plus de têtes chauves*, vaudeville échevelé en 1 acte, par A. Cahen, Em. Cohl et Ed. Norès, musique de Guyon fils.

11 juin : *C'est ma sœur*, vaudeville en 1 acte, par A. Cahen, Em. Cohl et Ed. Norès. — *Non imprimé*.

DIRECTION DERNESTY (24 septembre 1881).

Sans créations.

DIRECTION GASPARI (18 novembre 1881).

Le théâtre, redevenu *Beaumarchais*, ne joue pendant six mois que d'anciens drames, plus cette œuvrette :

3 février 1882 : *Cinq filles à marier*, pièce mêlée de chant en 1 acte, par Alphonse Lemonnier et C. Brigliano, musique de J. Marc Chautagne.

DIRECTION PIERRE LUGUET (6 mai 1882).

A nouveau *Fantaisies-Parisiennes*.

28 juin : *Le Feu au moulin*, vaudeville en 1 acte, par Henri Luguet. — *Non imprimé.*

10 septembre : *C'est la faute au gouvernement*, revue en 3 actes, par Lépine et Alphonse Lemonnier. — *Non imprimée.*

DIRECTION DENIZOT (1ᵉʳ octobre 1882).

12 octobre : *Un Effet de neige*, vaudeville en 1 acte, par Sauger, Laguépière et Dick. — *Non imprimé.*

12 octobre : *La Noce Tocasson*, folie-vaudeville en 4 actes, par Henry Buguet, musique de Léopold Stapleaux. — *Non imprimée.*

7 novembre : *Stéphana*, vaudeville en 1 acte, par Laguépière, Dick et Sauger. — *Non imprimé.*

3 décembre : *Paris en loterie*, revue en 3 actes et 7 tableaux, par Eugène Grangé et Henry Buguet. — *Non imprimée.*

DIRECTION ALPHONSE LEMONNIER (20 janvier 1883).

31 janvier : *La Maîtresse servante*, vaudeville en 1 acte, par Henri Luguet et Degert.

25 février (matinée) : *Petite sœur, ou le Steeple-chase*, comédie en 1 acte, par J. Jarlet et Emile Lérida.

16 mars : *Un Terre-Neuve*, vaudeville en 1 acte, par Eugène Hugot. — *Non imprimé*.

1ᵉʳ mai : *Elevé au biberon*, vaudeville en 1 acte, par Eugène Hugot et Maurice.

11 mai : *Etienne Marcel, ou le Défenseur du peuple*, drame en 5 actes, par G. Champagne. — *Non imprimé*.

16 mai : *Maman !* comédie-vaudeville en 1 acte, par Eugène Hugot et Léon Benoit.

30 mai : *La Ferme des amours*, vaudeville en 1 acte, par S. Maurice et J. Jarlet.

6 juin : *Elève de Charlemagne*, vaudeville en 1 acte, par Eugène Hugot. — *Non imprimé*.

DIRECTION CHARLES MONZA (1ᵉʳ décembre 1883).

1ᵉʳ décembre : *L'Habit*, vaudeville en 1 acte, par Georges Richard et A. Gille. — *Non imprimé*.

31 décembre : *Fich-ton-Kin*, revue en 4 actes et 8 tableaux, par Henry Buguet. — *Non imprimée*.

Le 29 février 1884, M. Monza reprend pour la quatrième fois l'étiquette de *Beaumarchais*, sous laquelle le théâtre mourut en 1892, après avoir subi sept directions encore. On le démolit à la fin de la même année.

Ouvrages joués aux deuxièmes Fantaisies-Parisiennes : 35 (34 nouveautés dont 15 imprimées, et 1 reprise éditée à cette occasion.)

Troisième Théâtre

DES

FANTAISIES-PARISIENNES

1888-1893

On ne possède aucun détail sur cette scène installée sans réclames 42, rue Rochechouart, dans la salle qui avait été le *Pardès-Théâtre*. Elle vécut six mois, sommeilla trois ans, revit la lumière pendant un peu plus d'un trimestre, et disparut après avoir donné en tout 6 nouveautés, intitulées ainsi :

21 décembre 1888 : *Miss Dadah*, comédie en 3 actes, par Guillaume Livet et Georges Moynet. — *Non imprimée.*

11 janvier 1889 : *Quinze jours d'arrêt*, comédie en 1 acte, par De Bompar et Duchez.

14 juin : *Pierre et Pierrette*, vaudeville en 1 acte, par Louis Dupuy. — *Non imprimé.*

31 octobre 1892 : *La Lune à Paris*, revue en 3 actes

et 5 tableaux, par Jules Oudot et Léon Nunès. — *Couplets seuls imprimés*.

11 décembre : *Vive Montmartre!* revue en 2 actes, par Abadie, H. Royer et Fabre. — *Non imprimée*.

2 janvier 1893 : *Les Images*, pantomime en 2 actes et 10 tableaux, par Guillaume Livet, Ch. Hubert et Léon Minet, musique de Charles de Sivry. — *Non imprimée*.

Quatrième Théâtre

DES

FANTAISIES-PARISIENNES

1903-1909

Le quatrième théâtre des Fantaisies-Parisiennes existait encore, au début de 1909, rue Fontaine n° 25, dans un local occupé avant lui par le *Concert des Folies-Parisiennes, les Funambules, le Théâtre Chirac* et *le Théâtre Sans-Gêne*. Il avait été fondé en 1903, par M. Charles Dermez, pour jouer surtout des pièces consacrées par le succès sur les grandes scènes parisiennes. Mais insensiblement, soit pour faire d'agréables prologues aux ouvrages connus, soit pour produire des talents amis, des actes inédits s'étaient glissés entre les reprises. Voici le catalogue exact de tous ceux que donnèrent, jusqu'au 31 mars 1909, date d'une clôture définitive, M. Charles Dermez et M. José Bussac, son remplaçant depuis le 15 septembre 1907.

DIRECTION CHARLES DERMEZ

1903

11 mai : *Les Débuts d'un auteur*, comédie en 1 acte, par Sacha de Pomian.

11 mai : *A deux de jeu*, saynète en 1 acte, par Mlle Sigall.

11 mai : *Considération*, comédie en 1 acte, par De Bellefonds.

11 mai : *Dernier auto*, fantaisie en 1 acte, par Formont.

15 octobre : *Un Coup d'épée dans l'eau*, comédie en 1 acte, par Marc-Sonal.

25 novembre : *Pour se venger*, comédie en 1 acte, par Jacques Folrey.

16 décembre : *Monsieur n'y est pas*, comédie en 1 acte, par Roger Senlis.

1904

6 janvier : *Paris toc-toc*, revue en 2 actes, par Fernand de Rouvray et Louis Lemarchand.

3 février : *Le Coup du téléphone*, pièce en 1 acte, par Bertol-Graivil et Marc-Sonal.

17 février : *La Malle à bouffer*, opérette en 1 acte, par O. Meunier et Cliff de Fretter, musique de Julien Rousseau.

9 mars : *Loving-Party*, revue en 1 acte, par André Crémieux, musique de Salzédo.

30 mars : *Entôleur par amour*, comédie en 1 acte, par Delphi Fabrice et Joseph Méténier.

20 avril : *L'Anglais en une leçon*, comédie en 1 acte, par Pierre Lamarche.

3o novembre : *Son auteur*, comédie en 1 acte, par Jean Valdier.

1905

13 janvier : *Entre deux flirts*, pièce en 1 acte, par E. Larguèze.

8 février : *Paris en pantoufles*, revue en 1 acte, par Fernand de Rouvray et Louis Lemarchand.

13 avril : *Un Juré*, comédie en 1 acte, par Jules Lévy.

3 mai : *Rivés*, comédie dramatique en 1 acte, par Maurice Level et Jacques Monnier.

21 décembre : *Pontflacon spéculateur*, comédie en 1 acte, par Etienne Seurette et Gustave Le Rouge.

1906

23 mars : *Chasse gardée*, comédie en 1 acte, par Etienne Seurette.

23 novembre : *Vol à l'américaine*, pièce en 1 acte, par André Mycho.

3o novembre : *Maldonne*, comédie en 1 acte, par José de Bérys et Léon Jardie.

7 décembre : *Académicien*, comédie en 1 acte, par Mac Stuartie.

7 décembre : *Le Masque*, comédie en 1 acte, par Georges Husson.

14 décembre : *Crise de conscience*, comédie en 1 acte, par Etienne Seurette et Hermann Derosc.

28 décembre : *Le Retraité*, comédie en 1 acte, par Albert Janot.

1907

1ᵉʳ février : *Poète et Grisette*, comédie en 1 acte, par Etienne Seurette.

21 février : *Les Importuns*, comédie en 1 acte, par Henri Oudine.

16 mars : *Pile ou face*, comédie en 1 acte, par Albert Nouveau et Etienne Seurette.

25 avril : *Bonne récompense*, comédie en 1 acte, par Félix Galipaux et Paul Bonhomme.

DIRECTION JOSÉ BUSSAC

5 décembre : *Gina*, mimodrame en 1 acte, par Fernand Beissier et Pierre Traut.

26 décembre : *Une actualité sensationnelle*, comédie en 1 acte, par Trébla et Henry de Forge.

1908

23 janvier : *La Querelle improvisée*, comédie en 1 acte, par A. Juhellé.

6 février : *V'là c'qui s'passe*, revue en 1 acte, par Philippe Le Beau.

13 février : *La Leçon de sentiment*, comédie en 1 acte, par Henry de Forges.

27 février : *Notre neveu*, comédie en 1 acte, par Guy Serge et Etienne Lequesne.

5 mars : *Pierrot marié*, pantomime en 1 acte, par Georges Boyer, musique de P. Sudessi.

19 mars : *Dubois père et fils*, comédie en 1 acte, par Hixe (Léon).

9 avril : *Le Dossier Malencour*, comédie en 1 acte, par Albert Nouveau.

23 avril : *L'Apache martyr*, pièce en 1 acte, par Gabriel Bernard.

23 avril : *Couleur jaune*, comédie en 1 acte, par Henry de Farcy.

4 juin : *Charmant ami*, comédie en 1 acte, par Pol Ping.

4 juin : *La Loi de pitié*, drame en 3 actes, par Félix Béghain.

12 juin : *Le Lion*, drame en 1 acte, par Cachat.

13 juin : *La Butte en l'air*, revue en 2 actes, par Pol Ping.

23 octobre : *Tonton*, comédie en 1 acte, par Ravera Freddy.

6 novembre : *Lequel des deux ?* vaudeville en 1 acte, par E. de Petit-Ville.

1909

15 janvier : *Essaye donc ma femme !* vaudeville en 3 actes, par Emile Lhomme et Paul Gilles.

26 février : *Toqué d'la patronne*, comédie en 1 acte, par H. La Pointe et L. Lauzeral.

De ces 49 pièces, 5 seulement furent imprimées.

Aux quatrièmes Fantaisies-Parisiennes succéda, le 17 janvier 1910, un quatrième *Petit-Théâtre* qui, contrairement aux scènes antérieures, prétendait bien prospérer ; il n'en ferma pas moins deux mois après sa trop bruyante ouverture. Close pendant une année, la salle abrita, le 17 mars 1911, le *Théâtre des Fantaisies*, auquel a succédé, le 29 septembre, le second *Nouveau-Théâtre*. Cette huitième entreprise durera-t-elle ? Souhaitons-le, sans trop y croire.

Premier Théâtre

DE

L'ATHÉNÉE

1867-1869

Autour du chantier où s'érigeait le définitif Opéra
étaient tracées de larges rues portant les noms d'Au-
ber, de Gluck, d'Halévy et de Scribe. Au numéro 17
de cette dernière, M. Bischoffsheim, banquier et
dilettante, fit, en 1865, construire un vaste immeuble dans lequel on ménagea, sur le modèle de la
grande salle du Conservatoire, un local destiné à
des concerts et à des conférences. Décidé à ne retirer aucun profit de l'entreprise, M. Bischoffsheim
l'avait installée de façon à ce qu'elle lésât le moins
possible ses revenus locatifs. La salle, baptisée du
nom d'*Athénée*, était dans les sous-sols de l'immeuble ; il fallait descendre à l'orchestre et aux premières loges, les secondes seules se trouvant de plain-
pied. De forme ronde, elle comprenait deux rangs
de loges avec galerie sur le premier rang ; sa déco-

ration, due à Cambon, était blanche, relevée d'or, et cette teinte douce contrastait heureusement avec le velours rouge sombre qui garnissait les loges. A la place de la scène s'élevait l'orchestre, montant par gradins superposés et allant s'appuyer à un grand orgue caché par un treillage doré à travers lequel serpentaient des branches de lierre. Un très beau lustre et des girandoles nombreuses jetaient une vive lumière sur l'ensemble, commode autant qu'élégant.

Chargé d'organiser la partie musicale de l'entreprise, Pasdeloup, pontife de la musique classique, s'assura le concours d'éminents chanteurs ou instrumentistes, et, le mercredi 21 novembre 1866, l'Athénée fut inauguré en présence d'un public choisi. Orchestre, chœurs et solistes méritaient et obtinrent les plus chaleureux bravos.

Suivant le programme exposé ce soir-là par Eugène Yung, secrétaire du comité des actionnaires, les concerts, qui devaient comprendre les grandes œuvres symphoniques ou vocales du passé et du présent, eurent régulièrement lieu les lundis, mercredis et vendredis de chaque semaine ; les mardis, jeudis et samedis étant réservés aux orateurs ou lecteurs venus des divers coins du monde. Nombre d'oratorios, de mélodrames, de chœurs, d'ouvertures et de concertos furent par la suite exécutés, tandis que des conférenciers tels que Sarcey, Deschanel, Montégut traitaient, aux jours voulus, divers sujets. Mais, malgré les efforts de tous, le public déserta de plus en plus la salle souterraine. Les recettes y

étaient si faibles que, dès le 21 avril 1867, les cho-
ristes furent congédiés et que, le 31 mai, eut lieu le
dernier concert symphonique.

Renonçant au rôle ingrat de Mécène, Bischoffsheim alors s'enquit d'un locataire pour la cave
artistique jusque là gracieusement prêtée. Il s'en
présenta deux : William Busnach, vaudeviliste-
boursier, et Léon Sari, ex-directeur des Délasse-
ments-Comiques. Décidés à implanter rue Scribe
l'opérette, les associés transformèrent la salle qui
compta dès lors 900 places (1), prirent comme chef
d'orchestre Bernardin qu'avaient mis en vue les
Folies-Nouvelles, et engagèrent une troupe plus ou
moins chantante, en tête de laquelle étaient Désiré,
Léonce, que la faillite des Bouffes-Parisiens faisait
libres, et Mˡˡᵉ Suzanne Lagier, étoile enlevée au con
cert de l'Eldorado. L'Athénée, devenu théâtre,
ouvrit le 13 décembre 1867, par un ouvrage dont,
naturellement, on espérait merveille.

Malbrough s'en va-t-en guerre, opéra-bouffon en
4 actes, par Siraudin et William Busnach, musique
de ⁂.

(1) Voici le tarif de ces places :

Baignoires d'avant-scène.	6 francs.
Loges de balcon de face .	6 »
Loges de balcon de côté .	5 »
Loges de galerie de face .	5 »
Loges de galerie de côté .	4 »
Fauteuils d'orchestre .	5 »
Fauteuils de balcon .	5 »
Stalles d'orchestre.	3 »
Stalles de pourtour .	2 »

On percevait, en outre, 1 franc pour chaque place louée.

De Malbrough	MM. Charles Potier.
Lord Boule-de-Gomme . .	Léonce.
Bouton-d'Or.	Vavasseur.
Galaor	Brice.
Un tabellion, Pantalon fils .	E. Petit.
Pandolphe	Bardou fils.
Mme de Malbrough . . .	Mmes Suzanne Lagier.
Bobinette	Lovato.
Matamore	Helmont.
Sbrigani.	Hyacinthe.
Colombine	Praldi.
Isabelle	E. Brache.
Cinthia	Sangles.
Angélique	Davenay.
Marianne	Degrant.
Flipotte.	Cupin.
Inès	Bourgoin.
Pages de Mme de Malbrough.	{ Artus, Ducray, Morliani, Leduc, Pauly.

M. de Malbrough a enlevé puis épousé la nièce du baron de Tête-à-Giffles dans l'espoir de palper la fortune de l'oncle, vieux garçon très riche ; mais il n'a pas reçu un sou de dot, ce qui le refroidit à l'égard de sa femme. De son côté celle-ci se laisse courtiser par son page Bouton-d'Or qu'elle ne peut souffrir, et par lord Boule-de-Gomme dont elle apprécie l'amabilité. Les choses en sont là quand parvient à Malbrough un message qui le nomme général et lui enjoint de livrer sans retard bataille aux ennemis du pays. Saturé de gloire, Malbrough décide de rester tranquille et de faire partir en sa place Galaor, ménestrel qui lui est dévoué. Un faux nez et des moustaches lui donnent l'aspect du serviteur qui, dans une cuirasse cadenassée, jouera le rôle de héros. Malbrough s'applaudit de sa ruse en entendant sa femme, Bouton-d'Or, la servante Bobinette et Boule-de-Gomme donner l'un après l'autre au pseudo-Galaor un rendez-vous pour le soir même. Il n'a garde d'y manquer, reçoit de Bobinette une déclaration, du lord la demande d'un narcotique, de Bouton-d'Or la prière de magnétiser pour lui Mme de Malbrough, et de cette dernière la commande d'un verre de pendule que son époux l'a chargé de bomber pendant sa campagne. De tout cela, la seule chose grave est le breuvage possédé par l'Anglais ; soupçonnant qu'il est destiné à sa femme, Malbrough s'arrange pour assister au souper offert par elle à Boule-de-Gomme et préserve son honneur en endormant les deux personnages. Mais, au cours d'une fête donnée par le lord à celle qu'il convoite, Mme Malbrough reçoit une missive qui lui annonce la mort glorieuse de son époux. Elle s'évanouit par comédie, et pendant trois jours pleins vit dans une retraite absolue. Sa douleur ainsi usée, elle met une robe rose et annonce au faux Galaor son union prochaine avec Boule-de-Gomme. Elle croit par ce mariage acquérir la fortune, mais le lord n'a que des dettes et spécule lui-même en feignant d'aimer. Au courant de la situation, Malbrough va laisser faire lorsqu'il apprend d'un tabellion que Tête-à-Giffles vient de mourir en léguant à sa nièce une grosse fortune. Cela change ses résolutions. Reprenant sa figure, il apparaît aux amoureux qu'un contrat vient d'unir pour proposer à Boule-de-Gomme sa retraite ou la mort de l'épouse bigame. Comme, dans la conversation, il a eu soin de traiter la question financière, l'Anglais, désillusionné, déclare se désister par crainte de scandale. Jouant alors la générosité, Malbrough pardonne à sa femme, qui détruit elle-même le fâcheux contrat.

Sur ce livret médiocre chantait une partition dont, ainsi qu'on l'a vu, l'affiche ne nommait point l'auteur. Elle était l'œuvre de quatre musiciens : Georges Bizet pour le premier acte, Emile Jonas pour le second, Isidore Legouix pour le troisième, et Léo Delibes pour le dernier. Malgré cette collaboration brillante, elle plut modérément, et l'Athénée, en somme, débuta par un insuccès dont ses acteurs aphones purent s'attribuer une large part.

24 décembre : *Le Train des maris*, opérette en 1 acte,
par Emile Abraham, musique d'Henri Cartier.

Carapatte . . . . MM. Tourrois.
Lionel . . . .   Bilhaut.
Henriette . . . . Mlles Clémentine.
Loulou. . . . .   Reynold.

Henriette, femme de Carapatte, coulissier parisien, passe
la belle saison sur une plage normande. Elle y est courtisée
par Lionel de Pont-Audemer, jeune gandin qui se désespère
de reperdre chaque samedi le terrain conquis au commen-
cement de la semaine, car ce jour-là Carapatte, profitant du
train dit des maris, vient tenir compagnie à Henriette. Lionel a pour maîtresse une écuyère de l'Hippodrome, Loulou,
qu'il a laissée à Paris en lui faisant croire qu'une vieille
tante l'accompagnait. Mais Carapatte est aussi l'amant de
Loulou, et, congédié par elle sous prétexte de la visite d'un
sien frère, capitaine de carabiniers, il avance d'une demi-
journée sa visite conjugale. De son côté Loulou, se voyant
libre, prend le train pour venir embrasser Lionel. Nos personnages se rencontrent à l'heure des bains : Carapatte dit à
sa femme que Loulou qui lui parle est une cliente. Loulou,
par riposte, présente Lionel comme son frère ; mais, clair-
voyante, Henriette devine les liens qui unissent l'écuyère au
gandin, et regagne avec Carapatte la grand' ville, où Lionel
confus accompagnera bientôt sa maîtresse.

Acte nul, froidement accueilli.

30 janvier 1868 : *L'Amour et son carquois*, opéra-
bouffe en 2 actes, par Marquet (avec Delbès), musique
de Charles Lecocq.

Chrysidès . . . . MM. Désiré.
Laudanum . . . .   Léonce.

L'Amour	Mmes IRMA MARIÉ.
Zéphir	LENTZ.
Thisbé	LOVATO.
Alpha	HELMONT.
Béta	BOURGOIN.
Gamma	DUCREY.
Delta	LEDUC.
Oméga	DAVENAY.
Omicron	VERCH.
Lambda	ARTUS.
Epsilon	MÉLINA.
Phi-Kip-Si	RÉGIDA.
Iota	HYACINTHE.

Jupin, trouvant que l'Olympe gâte trop l'Amour, oblige
Vénus à placer son fils chez Chrysidès qui tient, dans l'île
de Crète, un pensionnat pour les deux sexes. Le survenant
s'amuse à faire des niches et à troubler l'esprit non seulement des élèves mais aussi de leurs maîtres. Chrysidès brûle
pour sa nièce Thisbé, Laudanum, son valet, pour la belle
Oméga ; mais ils s'en tiennent aux désirs, car, tant que
Cupidon gardera son carquois sur l'épaule, nul ne pourra toucher à ses flèches, et ce n'est pas par leurs seuls moyens
que les professeurs déjà mûrs pourraient toucher de jeunes beautés. Or l'Amour, condamné comme rebelle à copier
quarante pages de l'almanach Bottin, préfère se livrer au
sommeil pour rêver à Thisbé qu'il aime ; son carquois le
gênant, il le dépose à terre ainsi que son arc : Chrysidès en
profite et s'empare des divins attributs. Désemparé, l'Amour
implore d'en haut un secours et Zéphir apparaît. S'en-
nuyant dans l'Olympe, il s'est fait renvoyer pour rejoindre
sur terre son ami Cupidon. Mis au courant de la situation,
il a bientôt fait d'y porter remède en prêchant à Thisbé et
à ses compagnes la désobéissance puis la fuite. On l'écoute
et Chrysidès, accouru pour essayer sa première flèche, ne
peut que la loger dans l'abdomen de Laudanum. — Au
second acte Laudanum sert à Athènes, dans un café-res-
taurant baptisé *Moulin-Rouge*. Il opère pour le compte de

Chrysidès qui a usé de ses flèches au point d'être gâteux et qu'on loge dans une cabane à lapins. Mais, malgré son abêtissement, l'ex-professeur a su cacher le divin carquois. Toujours épris d'Oméga, devenue comme ses compagnes hétaïre à la mode, Laudanum emploie tous les moyens pour arracher à Chrysidès le secret de sa cachette ; aussi accueille-t-il, malgré leur pauvreté, Cupidon, Zéphir et Thisbé, dans l'espoir qu'à la vue de cette dernière Chrysidès retrouvera sa lucidité. Tourmenté par sa nièce, l'oncle effectivement indique sa commode comme recélant le précieux trésor ; hélas ! le carquois seul s'y trouve, et il faut bien des ruses encore pour savoir que les flèches sont dans les ailes du moulin qui sert d'enseigne au restaurant. Le moulin est haut, mais Zéphir souffle et des ailes mises en mouvement tombent les traits empennés dont les amants s'emparent non sans que Laudanum ait pu en voler un : redevenu dieu, Cupidon pardonne, et tous s'inclinent devant le maître du genre humain.

Plaisante à son début, cette pièce n'offrait ensuite que des banalités. La musique était gaie, pétillante parfois, mais trop rarement originale. Le succès fut surtout pour les interprètes, stimulés par la présence de Désiré et de Léonce, compères doués d'une incontestable verve bouffonne.

18 mars : reprise de *La Vipérine*, opérette en 1 acte, par William Busnach et Jules Prével, musique de J.-J. Debillemont.

Calfucci	MM. André Munié.
Siro	Emile Petit
Callimaqus	Mmes Bonelli.
Lucrezia	Ducrey.

Infructueuse remise d'une œuvrette, créée aux Folies-Marigny le 19 octobre 1866.

11 avril : *Fleur-de-Thé*, opéra-bouffe en 3 actes, par Alfred Duru et Henri Chivot, musique de Charles Lecocq.

Tien-Tien	MM. Désiré.
Ka-o-lin	Léonce.
Pinsonnet	Sytter.
Corbillon.	Fontenelle.
Césarine	Mmes Irma Marié.
Fleur-de-Thé.	Lucie Cabel.

La scène se passe à l'issue de la première campagne de Chine. Sur le point de retourner en France, des soldats et des marins célèbrent leurs victoires dans la cantine que tiennent, à Pékin, Eustache Pinsonnet, cuisinier du vaisseau *La Pintade*, et Césarine, sa conjointe. Pinsonnet est un peu léger, et sa femme, jalouse, promet de lui arracher les yeux à la moindre infidélité. Comment Eustache deviendrait-il coupable dans un pays où les jolies filles sont, par ordre, tenues sous clef? Il en est une pourtant que la curiosité pousse à la désobéissance, et c'est à la cantine qu'après le départ des buveurs le hasard la conduit. Effrayée de sa propre audace, elle supplie Pinsonnet de la reconduire chez elle ; le cuisinier, qui la trouve charmante, y consent au prix d'un baiser et va toucher d'avance ce salaire quand, au bruit de triangles annonçant un cortège local, la jeune chinoise entre, sans qu'il la voie, dans une chambre de la cantine.

Le cortège est celui du mandarin Tien-Tien, chef de la police générale, qu'escorte Ka-o-lin, capitaine des Tigres impériaux et son gendre futur. Ils viennent de visiter *La Pintade* et s'égaient fort des Français qu'ils trouvent bar-

bares. Pinsonnet, que leurs propos agacent, se venge en
leur vendant un panier de champagne laissé pour compte;
mais, comme il prépare dans sa cave la livraison à faire,
des cris de colère retentissent : Césarine vient de trouver
chez elle la Chinoise et, la croyant d'accord avec son mari,
dénonce les deux coupables à Tien-Tien qui fait lui-même
sortir l'intruse. A sa grande colère et au grand chagrin de
Ka-o-lin, ce n'est autre que Fleur-de-Thé, fille du policier et
promise du capitaine. Or la loi du Tssing est formelle :
tout étranger qui a vu le visage d'une chinoise doit épouser celle-ci sous peine d'être empalé. Enlevé par les Tigres
et conduit chez Tien-Tien, le cantinier connaît alors la loi
fatale; des deux maux il choisit le moindre, et épouse Fleur-
de-Thé avec le cérémonial d'usage. Pour que Ka-o-lin navré
renonce à s'ouvrir le ventre, il lui a préalablement juré de
n'être pour Fleur-de-Thé qu'un frère. Ce serment il le fait
aussi à sa femme, venue chez Tien-Tien avec le champagne
vendu. Renseignée, celle-ci préfère ne courir aucun risque
et, d'accord avec Ka-o-lin, elle s'enveloppe du voile nuptial
de Fleur-de-Thé et pénètre à sa place dans la chambre conjugale. Bien lui en prend, car, oublieux de sa parole, Eustache profite largement de l'aubaine. Par malheur, une
phrase imprudente apprend à Tien-Tien qu'on l'a joué; il
condamne Pinsonnet au pal, et, immédiatement, lui fait mettre la cangue. Une idée alors vient à Césarine ; elle déclare
qu'en France tout condamné marche au supplice le verre
en main et obtient du juge que cet usage soit respecté. On
apporte le champagne livré par elle et les Chinois, qui en
boivent avidement, sont incapables de résistance quand
les matelots de *La Pintade,* prévenus, accourent en armes
pour emporter triomphalement Pinsonnet délivré.

Ce livret plein de gais détails était mis en valeur
par une très bonne partition. L'ouvrage, en outre,
avait la chance de réunir les comiques qui se com-
plétaient si bien l'un par l'autre. Nous les voyons

encore : Désiré, la face rouge, singularisée de sourcils méphistophéliques. le crâne ras, ombragé d'un ustensile innommable, le ventre sénatorial ; Léonce, la figure blême, encadrée d'une lamentable filasse. le corps étique, les mains humblement jointes. A la scène quatre, Tien-Tien chantait ses propres louanges, avec Ka-o-lin pour écho :

> Je vois tout ! — Il voit tout !
> Je sais tout ! — Il sait tout !
> Et fourre mon nez partout ! — Nez partout !

Il y avait, comme finale, une série de *ah !* lancés désespérément par Léonce et que Désiré coupait de coassements plus qu'étranges. Puis, à chacune de leurs scènes, c'était, entre les deux fantoches, un assaut de mots savoureux, de cascades hilarantes. Le succès fut grand, légitime et durable.

2 mai : reprise de *On demande des domestiques*, vaudeville en 1 acte, par Henri Chivot et Alfred Duru.

Beaucrouton	MM. Tourtois.
Boisjoli	Emile Petit.
Rouffignac	André Munié.

Emprunt fait aux Folies-Dramatiques, qui avaient donné cet acte le 26 avril 1862, pour permettre aux auteurs de la pièce applaudie de toucher les droits entiers de chaque soirée. Escortée ainsi. *Fleur-de-Thé* eut plus de quatre-vingts représentations consécutives. Pendant la clôture, datée du 21 juin, la troupe de l'Athénée alla jouer à Bruxelles et au Havre l'heureuse opérette, par laquelle on rouvrit le 3 septembre. Mais un changement s'était produit qui ne pouvait que nuire : Désiré avait cédé sa place au jeune Daubray, dont l'autorité et la fantaisie semblèrent insuffisantes ; aussi *Fleur-de-Thé* n'alla-t-elle guère au-delà de la centième célébrée le 24 septembre, bien qu'on lui eût, le 7 du même mois, adjoint *A la baguette*, vaudeville en 1 acte de Chivot et Duru, créé aux Bouffes-Parisiens le 17 novembre 1867, et distribué ainsi :

Julien . . . . M. Pétardy.
Catherine . . . . Mlle Bertelli.

Il fallut donc, bon gré mal gré, renouveler l'affiche.

2 octobre : *Les Bons principes*, comédie en 1 acte, par Alfred Darcy (William Busnach).

Navet . . . . MM. Duchesne.
Arthur . . . . Bilhaut.
Toupinel . . . . Tourtois.
Zélia . . . . Mlle Lucie Cabel.

Les journaux dirent plaisant ce lever de rideau qu'ils jugèrent néanmoins oiseux de raconter. Le théâtre de la Renaissance le mit, le 1ᵉʳ janvier 1882, à son répertoire, sans que cela donnât à un libraire envie de l'imprimer.

8 octobre : *Le Petit Poucet*, opéra-bouffe en 3 actes et
4 tableaux, par Eugène Leterrier et Albert Vanloo, musique de Laurent de Rillé.

Rastaboul	MM. Léonce.
Krockmachecru	{ Daubray. / Luce.
Pierrot.	Niveleau.
Aglaé..	Mmes Lasseny.
Poucet.	Anna Van Ghell.
Aventurine	Lovato.
Tomate	Ducrey.
Primevère	Bertelli.
Florette	Hyacinthe.
Eglantine.	Pauly.
Violette	Mervil.
Charles	Mélida.
Théodore.	Tschœberle.
Arthur	Laurent.

La scène, dit une note des auteurs, se passe « entre Paris
et Lyon, au temps où les rois épousaient des bergères ». En
cherchant des noisettes, Aventurine et ses quatre sœurs,
toutes filles de l'ogre Crockmachecru et de dame Aglaé, rencontrent dans une forêt Poucet et ses quatre frères, que des
parents barbares viennent pour la seconde fois de perdre
volontairement. Aventurine et Poucet se plaisent à première
vue, ce qui contrarie fort Mme Crockmachecru, dont le
galant appétit se contenterait mieux du jeune Poucet que du
vieux Rastaboul qui la courtise. Pour être admis chez Crockmachecru, Rastaboul s'est donné comme ogre bien qu'il ne
mange que des légumes, mais ses assiduités ont éveillé la
jalousie de l'authentique anthropophage. Pour éclaircir ses
soupçons, le classique tour du voyage impromptu lui paraît
indiqué ; il annonce donc une absence de six mois, et part
accompagné des vœux des siens. Ces vœux sont hypocrites,
car à peine s'est-il éloigné qu'Aglaé invite Rastaboul à fes-

toyer chez elle, et qu'Aventurine offre à Poucet, définitivement égaré, un asile sous le toit de l'absent. Les ressources
des Crockmacheeru sont maigres, mais, à l'aide d'une pièce
de cent sous extirpée à Rastaboul, Aglaé improvise, avec
Tomate, sa bonne, un festin suffisant. Tous sablent le champagne mis en réserve par l'ogre, quand celui-ci enfonce la
porte. Plus de doute, sa femme le trompe : avec lequel des
six hommes qu'on a cachés mais que son flair lui fait découvrir ? Il les tuera tous, par prudence. Rastaboul, que Crockmacheeru convie à manger un des jeunes garçons, fuit en
vélocipède avec Aglaé dont Poucet a nettement repoussé les
avances ; de son côté Poucet réveille ses frères endormis et
leur fait gagner la campagne. L'ogre les poursuit avec ses bot-
tes de sept lieues ; il rejoint tout le monde près d'une grotte
sur laquelle, blessé par un clou de sa chaussure, il s'assied
pour souffler. Rastaboul, par traîtrise, le déchausse, puis le
musèle. Ainsi dompté, l'ogre entend sa femme déclarer
qu'elle portera désormais les culottes chez elle, et la toile
tombe sur une ronde animée.

Macédoine manqué de scènes parodiques. La partition, folle malgré elle, prouvait autant de science
que d'inspiration ; elle ne pouvait pourtant suffire à
racheter la faiblesse du livret. La pièce, pour comble, était mal jouée. Léonce s'y montrait pindari-
quement fou, mais on cherchait à ses côtés le compère absent, tandis que Daubray s'agitait sans gaîté.
Mlle Lasseny, ex-chanteuse de l'Eldorado, n'avait
plus d'organe ni de verve. Seule, Mlle Van Ghell montrait une voix fraîche, un talent sympathique, quoique sans expérience ; mais ces promesses ne constituaient pas le présent auquel avait droit le public.
Bien que l'insuffisant Daubray eût promptement
cédé son rôle à Luce, ténor pris au café-concert et

qui du moins chantait, *le Petit Poucet*, mal parti, ne fournit pas une longue carrière.

15 novembre : reprise du *Roman chez la portière*, comédie-vaudeville en 1 acte, par J. Gabriel et Henry Monnier.

Mme Desjardins.	MM. Henry Monnier.
La Lyonnaise	Léonce.
Mme Floquet	Luce.
Hippolyte.	Brice.
Euphrasie.	Mlle Bertelli.

Pochade que, depuis sa création au Palais-Royal (le 10 février 1855), l'auteur-comédien promenait de théâtre en théâtre. A l'Athénée, qui la donna neuf fois, elle excita comme partout de francs rires.

20 novembre : *Les Jumeaux de Bergame*, opéra-boufle en 1 acte, par William Busnach, musique de Charles Lecocq.

Arlequin cadet.	Mmes Van Ghell.
Arlequin aîné	Lentz.
Rosette	Lovato.
Nérine	Lucie Cabel.

Deux Arlequins jumeaux se ressemblent au point qu'on les prend aisément l'un pour l'autre. L'aîné doit épouser Rosette qui, trompée par la ressemblance, donne son portrait au plus jeune tandis que celui-ci est injurié par Nérine que son frère a abandonnée. Désolé de la perte du portrait et craignant que l'original lui soit enlevé de même, le pre-

mier passe la nuit à la porte de Rosette ; l'autre y venant
chanter une sérénade, tous deux se gourment, puis on s'explique : Rosette sera la femme de l'aîné, Nérine celle du
cadet.

Une comédie connue de Florian avait fourni la
matière du livret qui se traînait dans un honnête
ennui. Quant à la musique, écrite pour quatre voix
de femmes, elle manquait de cette variété de timbres
qui est une des conditions essentielles du genre lyrique. Au total donc, l'ouvrage fut discuté et son succès médiocre.

20 novembre : *Le Vengeur*, opéra-bouffe en 1 acte,
par Charles Nuitter et Beaumont, musique d'Isidore
Legouix.

Cotignac.	MM. Léonce.
Mosquito.	Luce.
Gonfalez.	Lorentz.
Elvire	Mlle Van Ghell.

L'hidalgo Gonfalez veut faire, à Elvire sa maîtresse,
cadeau d'un bijou portant leurs initiales ; peu fort en orthographe, il y fait mettre les lettres G et H. Elvire, se croyant
trahie, loue dans un faubourg de Séville un pavillon, par la
fenêtre duquel elle laisse un jour pénétrer le gascon Cotignac.
Celui-ci tout naturellement croit à une bonne fortune, mais
bientôt Elvire le désillusionne en lui déclarant que c'est
comme vengeur qu'elle l'a accueilli. Mandé par lettre, Gonfalez va venir dans le pavillon, où Cotignac le tuera et l'en-
terrera. Le gascon, comme on pense, cherche à esquiver
la double corvée. Un Espagnol bientôt pénètre avec une
clef dans l'habitation ; c'est Mosquito, frère d'Elvire, qui

croit retrouver là une maîtresse depuis deux mois délais-
sée. Le prenant pour Gonfalez, Cotignac révèle la mission
dont il est chargé et s'en affranchit en lui faisant signer
à l'encre rouge le reçu d'un coup mortel. Mais, à la vue de
l'écriture qu'elle reconnaît, Elvire pousse des cris de rage.
L'arrivée de Gonfalez interrompt par bonheur son accès.
L'hidalgo proteste de son amour et de sa constance, mais
la castillane incrédule le pousse dans une chambre où elle
a posté Cotignac. Le gascon fait le mort, et c'est avec Mosquito, revenu et pris pour un rival, que Gonfalez va se battre dans la rue. Voyant Cotignac se frotter les mains, Elvire
croit son désir rempli et, comme récompense, verse au
pseudo-vengeur un liquide portant cette étiquette : *poison
accéléré*. Le gascon, qu'elle renseigne, se désespère quand
Gonfalez et Mosquito reparaissent ; ils se sont expliqués et
le second consent à avoir le premier pour beau-frère. Elvire
s'incline en apprenant que l'hidalgo ne fut coupable que
d'une faute d'orthographe. Mais Cotignac ? Il n'a bu par
bonheur que du jus d'épinards préparé pour l'ancienne locataire, et il peut faire sa partie dans l'ensemble qui termine
l'aventure.

Originale donnée, musique pimpante et bien
chantée : réussite.

9 décembre : *Les Horreurs de la guerre*, opérette-
bouffe en 2 actes et 3 tableaux, par Philippe Gille,
musique de Jules de Costé.

Cédéric	MM. Luce.
Ernest	Léonce.
Conrad	Niveleau.
Schnickelmann	Brice.
Frédérique	Mmes Van Ghell.
Wilhelmine	Bonelli.

Ernest LXXXXIX, souverain du duché de Microbourg,
compte 136 sujets ; Cédéric CXXIII, duc de Nihilbourg,
état voisin, a un sujet de plus, voit chez lui pousser la
betterave, et possède pour femme une beauté nommée Frédérique. Cette dernière circonstance rend particulièrement
jaloux Ernest, qui est célibataire. Tout en accablant son
voisin de protestations amicales, il prépare en secret une
guerre qui éclatera si Frédérique lui refuse le cœur qu'il
demande par écrit. La duchesse trouve Ernest charmant et
capitulerait sans doute si un secrétaire maladroit ne lui
remettait un traité destiné à Cédéric, tandis que celui-ci
reçoit l'ultimatum galant. Furieux, le duc de Nihilbourg
distribue à ses soldats des fusils se chargeant par la
culasse et part pour les plaines de Bock-Bier, où se rendront
bientôt Ernest et ses guerriers, munis de l'arme perfectionnée
que leurs ennemis croient être seuls à posséder. La lutte
a lieu pendant l'entr'acte, et le rideau se relevant laisse voir
Ernest, vainqueur, traitant dans son palais Frédérique et
les Nihilbourgeoises dont il s'est emparé. Ce palais est
orné des meubles enlevés sans vergogne à Cédéric ; mais,
en les admirant, Ernest s'aperçoit tout à coup de la dispa-
rition de son propre mobilier. C'est que, pendant qu'Ernest
entrait sans lutte à Nihilbourg, Cédéric pénétrait de même
dans Microbourg. Victoire, enlèvements, pillage, tout a
été réciproque. Force est bien à Ernest de recevoir son rival
qui vient, accompagné de troupes, lui demander raison
d'abord, sa femme ensuite. Il refuse l'une et l'autre, mais
les Microbourgeois menaçant de le déposer si leurs épouses
restent absentes, il doit céder et rendre Frédérique dont,
par hasard, la vertu n'a subi que des atteintes légères. Et
l'on chante en chœur la paix rétablie après cette guerre
sans précédents.

Représenté déjà au Cercle de l'Union Artistique
et au Conservatoire, ce livret fantaisiste, qu'ornait
une partition peu banale, reçut du vrai public le
plus favorable accueil.

10 janvier 1869 : *La Suite à demain*, invraisemblance
en 1 acte, par J. Marc Leprévost.

Durand	. . . . . .	MM. DUCHESNE.
Bonivet	. . . . . .	TOURTOIS.
Céleste	. . . . . .	Mmes BLANCHE JOUVIN.
Marianne.	. . . . .	DAVENAY.

Cécile, femme de Bonivet, publie sous un pseudonyme
des romans dans les journaux. Elle vient d'en commencer
un dont le premier chapitre se termine par ces mots d'un
époux outragé : « Je me vengerai, mais comment ? » — *La
suite à demain*, dit à cet endroit le journal. Un voisin de
Cécile, M. Durand, cordonnier, vient demander au bas-bleu
de lui faire connaître le moyen qu'emploiera le Dandin
imaginaire, car, Dandin réel, il a juré de se venger de la
même façon. Cécile ignore elle-même ce que fera son héros ;
pour tâcher de l'apprendre, elle décide d'exciter la jalousie de
son mari. Au bruit des pas de ce dernier, elle fait mettre à
ses pieds Durand, qui obéit sans comprendre et est gratifié
par Bonivet d'un coup de pied comme début. Le mari fait
mieux, car, feignant de croire les explications qu'on lui
donne, il invite à déjeuner Durand auquel il verse un violent purgatif. Tandis que le cordonnier est en proie aux
douleurs les plus vives, Bonivet lui fait écrire l'aveu de sa
faute et l'engagement de le chausser gratis à perpétuité. Ce
papier, Bonivet, dans l'espoir de représailles, va le mon-
trer à Mme Durand qui, de colère, lui saute ou cou. On ne
sait ce qui adviendrait si Cécile, qui a suivi son mari, n'in-
tervenait. Les deux dames prouvent alors leur complète
innocence et le bas-bleu, utilisant l'expérience faite, dicte à
Bonivet *la suite à demain* promise.

Cette plaisanterie originale devait clore le répertoire modeste du premier *Athénée*. Depuis son
ouverture, il se débattait contre des difficultés très

grandes. Situé dans un quartier désert, mal éclairé, il n'attirait guère que des spectateurs occasionnels et dont la visite ne se renouvelait point. Aussi n'avait-il, en treize mois, encaissé que 328.181 francs 75. C'était si insuffisant qu'après une suspension provisoire de paiements, Busnach et Sari fermèrent définitivement, le 13 janvier 1869.

Comme nous l'avons dit au chapitre initial de ce livre, Jules Martinet transféra le 11 février suivant, dans la salle forcément close, les Fantaisies-Parisiennes jusque là logées boulevard des Italiens, et reprit, le 1ᵉʳ avril, le nom d'*Athénée*, pour la campagne lyrique dont nous allons narrer toutes les péripéties.

TABLE ALPHABÉTIQUE

DES 14 PIÈCES (1) COMPOSANT LE RÉPERTOIRE DU PREMIER

THÉATRE DE L'ATHÉNÉE

(1) 10 nouveautés, dont 8 imprimées, et 4 reprises. — Remarquons, pour les gens superstitieux, qu'ouvert un 13, l'Athénée ferma le 13 de son treizième mois d'existence.

Deuxième Théâtre

DE

L'ATHÉNÉE

1869-1873

Décidé à joindre le grand opéra aux opéras-comiques qui composaient surtout le répertoire des Fantaisies-Parisiennes, Martinet prit, pour second chef d'orchestre, M. Charles Placet et engagea des artistes nouveaux dont, comme précédemment, nous noterons les débuts successifs.

La première pièce offerte au public du second Athénée fut un opéra-comique en 1 acte créé le 9 mai 1807, *les Rendez-vous bourgeois*, paroles d'Hoffman, musique de Nicolo. On le donna le 27 mai 1869, avec cette distribution qui le fit applaudir :

Dugravier	MM. Davoust.
Bertrand	Barnolt.
Jasmin	G. Bonnet.

César	MM.	Peters (*début*).
Charles		Laurent.
Reine	Mmes	Lyonnel (*début*).
Louise		Bonnefoy.
Julie		Decroix.

Après la clôture annuelle, effectuée le 15 juin, Martinet rouvrit par une œuvre importante, jouée pour la première fois dans notre langue.

18 septembre : *Le Docteur Crispin — Crispino e la Comare,* — opéra-bouffe en 4 actes, paroles françaises de Charles Nuitter et Beaumont, musique de Luigi et Federico Ricci.

Crispin	MM.	Jamet (*début*).
Fabrice		Arsandaux.
Mirabolan		Peters.
Le Comte . . , . . .		Raoult (*début*).
Asdrubal		Davoust.
Bortolo		Laurent.
Annette	Mmes	Marimon.
Lisette		Berdet (*début*).
La Commère		Persini.

Crispin, savetier vénitien, à bout de ressources et poursuivi par ses créanciers, va se jeter dans un puits quand une femme enveloppée d'un manteau noir en sort et l'arrête. C'est la Mort, qui lui promet la fortune à condition qu'il se fera passer pour médecin. Quand il visitera un malade, s'il voit sa commère près de lui, c'est que le patient mourra ; s'il ne l'y aperçoit pas, il pourra promettre de le guérir. Un ouvrier tombé d'un toit élevé est son premier client ; il le sauve tandis que les médecins le déclarent perdu. Du coup le voile célèbre et riche. Mais ses succès le grisent, il devient insolent et rudoie même sa commère qui l'entraîne dans son propre séjour. Il dicte là, par ordre, ses dernières volontés, puis implore la pitié de la Mort à qui il jure de devenir bon mari et bon père ; elle le transporte alors chez lui, où il embrasse avec une joie compréhensible ses enfants et sa femme.

Représenté à Naples en 1836, et sur le Théâtre-Italien de Paris le 4 avril 1865, *Crispino e la Comare* est un conte divertissant sur lequel brode une musique spirituelle, frétillante, savamment agencée. L'adaptation adroite des librettistes ne pouvait que lui mériter les suffrages du public.

23 septembre : *Les Masques — Tutti in Maschera —* opéra-comique en 3 actes, paroles françaises de Charles Nuitter et Beaumont, musique de Carlo Pedrotti.

Emilio	MM. Jourdan (*début*).
Don Gregorio	Soto.
Abdallah	Aubéry (*début*).
Cascatello	Barnolt.
Martello.	Minssard (*début*).
Trombonaccio.	Raffaelli (*début*).
Vittoria	Mmes Louisa Singelée (*début*).
Valentine	Biarini.
Lisette, Zerline	Lyonnel.
Beppa	Berdet.
Julia	Berbion (*début*).
Zanetta	Bonnefoy.

Après avoir été l'amant de Valentine, chanteuse légère du théâtre de Venise, l'officier Emilio s'éprend de Vittoria, prima donna du même établissement. Celle-ci étant honnête, il offre de l'épouser, mais elle veut rester au théâtre, et cela désespère le galant que ses succès rendent jaloux. Bien que Valentine soit devenue la femme du compositeur Gregorio, elle ne se voit pas sans peine remplacée par Vittoria ; aussi l'épie-t-elle dans l'espoir de la compromettre. Une occasion lui est offerte, qu'elle s'empresse de saisir. Le turc Abdallah, séduit par la première chanteuse, se donne comme chargé de fonder à Damas un théâtre lyrique ; son but principal est d'attirer chez lui Vittoria qui a résisté à ses offres brillantes. Le billet par lequel il l'invite à un bal offert aux artistes engagés par lui, tombe entre les mains de Gregorio qui s'empresse de le rendre public. Valentine aussitôt décide d'endosser le domino bleu garni de rubans noirs qu'indique le poulet, mais Vittoria prend le même costume, tandis qu'Emilio et Gregorio se déguisent en turcs pour surveiller l'un sa maîtresse, l'autre sa femme. Croyant parler à Abdallah, Vittoria confesse à l'officier même l'amour qu'elle a pour lui. Dès lors le dénouement se précipite ; Vittoria quitte la scène pour épouser Emilio ; Abdallah, contraint de renoncer à elle, part seul pour Damas, et Valentine reste bien forcément fidèle à ses devoirs.

Vérone avait, en 1856, eu la primeur de cet ouvrage, passé ensuite au répertoire de nombreuses scènes italiennes. Le livret en est ingénieux, la partition charmante ; les deux reçurent à l'Athénée un favorable accueil.

23 décembre : *La Fête de Piedigrotta*, opéra-comique en 3 actes, paroles françaises de Victor Wilder, musique de Luigi Ricci.

Annibal	MM. JUSTIN NÉE (*début*).
Scipion	AUBÉRY.
Polyphème	SOTO.

Leonidas	MM. Barnolt.
Marc-Antoine	Davoust.
Lella	Mmes Singelée.
Rita	Née (*début*).
Lucrèce	Biarini.
Sabine	Lyonnel.
Véronique	Decroix.

Marc-Antoine, fruitier-fleuriste, destine ses filles Lella et Rita à leurs cousins ; mais elles ont fixé leur choix, Lella sur le voltigeur Annibal, Rita sur le hussard Scipion. Pour s'éviter l'ennui d'une surveillance, le fruitier met les belles en voiture et les conduit chez sa sœur Véronique, auberbergiste à Piedigrotta. On célèbre dans ce pays la fête de la Madone, et les soldats, qui ont suivi leurs amoureuses, les courtiseraient à leur aise, s'ils ne se heurtaient à deux hommes qu'ils prennent pour leurs rivaux mais qui sont des maris attirés par l'espoir de se jouer réciproquement un mauvais tour. Par suite de circonstances diverses, les jeunes couples se croient trahis et feignent par vengeance d'aimer les maris ou leurs femmes, mais tout bientôt rentre dans l'ordre et Marc-Antoine, jugeant ses filles compromises, les donne à leurs amants, tandis qu'on danse une entraînante tarentelle.

Intrigue vulgaire, qu'une musique pleine de grâce et d'entrain fit applaudir à Paris, comme elle l'avait été à Naples en 1852.

◆

3 février 1870 : *Les Brigands — I Masnadieri —* opéra en 4 actes et 7 tableaux, paroles françaises de Jules Ruelle, musique de G. Verdi.

Carlo	MM. Jourdan.
Maximilien	Jamet.

François	MM. Arsandaux.
Moser	Peters.
Daniel	G. Bonnet.
Roller	Laurent.
Amélie	Mlle Marimon.

Deux frères ennemis et rivaux ; l'un d'eux qui se
fait chef de brigands pour punir le crime, tue sa
fiancée et se poignarde ensuite ; un vieillard torturé
par son propre fils, sont les principaux personnages
de ce drame aux situations monotones et sombres,
et qu'un librettiste italien avait, en 1847, emprunté
à l'allemand Schiller. La musique était de la première manière de Verdi, alors que le maestro se
contentait le plus souvent d'épancher son tempéra-
ment exubérant en cavatines chaleureuses et en
chœurs colorés. L'ouvrage fut accueilli rue Scribe
avec transport, bien qu'on trouvât généralement
que la toile dépassait le cadre. Mlle Marimon, vir-
tuose aimée, Jourdain, ténor gracieux, Arsandaux,
baryton exercé, Jamet, basse notable, le chantaient
d'une façon supérieure. Cette première incursion
dans le grand opéra constituait, en somme, une
très louable tentative, et la presse musicale y vit le
meilleur titre de Martinet à la protection gouverne-
mentale qui était aussi son plus cher espoir.

19 février : *Les Deux Billets*, opéra-comique en 1 acte,
par Florian, musique de Ferdinand Poise.

Scaramouche	MM. Soto.
Mezzetin	Barnolt.
Argentine.	Mlle Persini.

Une partition facile, émaillée de jolies mélodies, s'inspirait de ce livret dénué d'action, mais d'un sentiment vrai, et le fit applaudir sous sa forme nouvelle.

16 avril : reprise du *Secret de l'oncle Vincent*, opéra-comique en 1 acte, par Henri Boisseaux, musique de Théodore de Lajarte.

Marcel	MM. GRILLON (*début*).
Boivin	RAFFAELLI.
Thérèse	Mlle BIARINI.

Emprunt fait au Théâtre Lyrique du boulevard du Temple. qui avait joué cet ouvrage le 24 novembre 1855.

16 avril : reprise de *Valse et Menuet*, opéra-comique en 1 acte, par Méry et Jules Adenis, musique de Louis Deffès.

Le Baron.	MM. AUBÉRY.
Wilfrid	JUSTIN NÉE.
Léger	LAURENT.
Carlotta	Mmes SINGELÉE.
Femme de chambre . . .	ALBONY (*début*).

Le Kursaal d'Ems avait, le 1ᵉʳ août 1865, récompensé ce petit acte, simple d'intrigue mais spirituellement écrit et orné d'une musique verveuse. par un succès dont il retrouva, rue Scribe, l'agréable écho.

19 mai : *Calonice*, opéra-comique en 1 acte, par Emile de Najac, musique de Ten-Brink.

Xanthias	. . . .	MM.	Peters.
Cynésias.	. . . . . .		Grillon.
Un juge .	. . . . . .		Raffaelli.
Calonice.	. . . . . .	Mmes	Biarini.
Cléomaque	. . . . . .		Persini.
Myrrhine.	. . . . . .		Berdet.

Sur le conseil de son ami Xanthias, Cynésias feint d'expirer pour mettre à l'épreuve la tendresse de Calonice, sa femme. Le prétendu cadavre attend encore la sépulture lorsque Cléomaque, joueur de flûte aimé de la dame, est menacé de pendaison. Calonice, pour le sauver, ne voit qu'un expédient, pendre à sa place défunt son mari. Celui-ci ressuscite pour manifester une juste colère, mais on lui fait croire que, connaissant sa ruse, on a voulu l'en punir, et cela laisse entière sa confiance maritale.

Imitée du vieux conte de *la Matrone d'Ephèse*, cette bluette contenait des vers galamment tournés ; les réminiscences de la partition, due à un compositeur lyonnais, l'empêchèrent d'obtenir plus qu'un demi-succès. — *Non imprimée.*

2 juin : reprise du *Toréador*, opéra-comique en 2 actes, par Thomas Sauvage, musique d'Adolphe Adam.

Don Belflor	. . . .	MM.	Jamet.
Tracolin	. . . .		G. Bonnet.
Coraline	. . . .	Mlle	Marimon.

Célèbre depuis le 18 mai 1849, où l'Opéra-Comique l'avait révélée, cette bouffonnerie devait, dans l'esprit de Martinet, clore heureusement son entreprise. Un arrêté du Ministre des Beaux-Arts venait effectivement de lui donner la direction du Théâtre Lyrique, avec une subvention de 100.000 francs. C'était la juste récompense d'efforts intelligents, dont les compositeurs et les artistes avaient plus que lui profité (1). Dès le 17 juin 1870 il quitta l'Athénée, fermé la veille, pour aller, place du Châtelet, prendre possession de son cabinet directorial; mais la guerre vint, et il ne put qu'installer une ambulance dans le théâtre fermé comme tous les autres. Aussitôt l'armistice signé (28 janvier 1871), il rassembla une troupe, mit en répétition divers ouvrages, et afficha pour le 2 avril sa réouverture. L'insurrection du 18 mars entrava ce projet et, le 24 mai suivant, l'édifice, qui avait coûté trois millions à la Ville de Paris, périt dans les flammes. Avec le théâtre brûlèrent les meubles, les tableaux que le directeur y avait transportés : c'était la ruine pour Martinet, dont la femme devint folle.

Nanti toujours du privilège si cher payé, lui se mit en quête d'une salle où il pût l'exploiter. Celle de l'Ambigu étant disponible, des pourparlers s'engagèrent, mais ils n'aboutirent point, et, sur la demande de Jules Simon devenu ministre des Beaux-Arts, Martinet retourna, sans subvention, dans les

(1) Du 1ᵉʳ avril 1869 au 16 juin 1870, l'Athénée avait encaissé 289.106 francs, ce qui, en tenant compte des vacances, faisait 25.144 fr. par mois.

catacombes de l'Athénée qui, pendant le siège, avaient donné asile à un club modéré. Dans l'espoir d'un retour de fortune, il groupa là quelques-uns de ses anciens artistes, leur adjoignit d'importantes recrues, et rouvrit le 11 septembre 1871, sous ce titre qui maintenait ses droits et disait son programme :

THÉATRE LYRIQUE

(*Salle de l'Athénée*)

11 septembre : *Martha*, opéra en 4 actes, par H. de Saint-Georges, musique de Frédéric de Flotow.

Lyonel	MM. Duwast (*début*).
Tristan	Peters.
Plumkett	Solon (*début*).
Un juge.	Raffaelli.
Deux fermiers . . .	Vinchon, Francis (*débuts*).
Lady Henriette . . .	Mmes Balbi-Verdier (*début*).
Nancy	Bernard (*début*).
1ʳᵉ servante.	Gobbaerts (*début*).
2ᵉ servante.	Kraetzer (*début*).
3ᵉ servante.	Tissandier (*début*).

Cette pièce, jouée au Théâtre Lyrique de la place du Châtelet le 18 décembre 1865, et dont le sujet était tiré d'un ballet intitulé *Lady Henriette*, créé à l'Opéra en 1844, inaugura brillamment une campagne dont la réussite était souhaitée par tous.

12 septembre : *Ne touchez pas à la reine*, opéra-

comique en 3 actes, par Eugène Scribe et Gustave Waëz, musique de Xavier Boisselot.

<pre>
Fernand . . . . . MM. Huet (début).
Le Régent . . . .   Henry (début).
Maximus . . . . .   G. Bonnet.
La Reine . . . . . Mmes Baudier (début).
Estrella . . . . .   Réty-Faivre (début).
</pre>

Emprunt heureux à l'Opéra-Comique, qui avait créé cet ouvrage le 16 janvier 1847.

3 novembre : *Le Barbier de Séville*, opéra-bouffe en 4 actes, par Castil-Blaze, musique de Rossini.

<pre>
Almaviva . . . . . MM. Tisserant.
Figaro . . . . . .   Aubéry.
Bartholo . . . . .   Soto.
Bazile . . . . . .   Odezenne (début).
Pedrille . . . . .   Raffaelli.
Le Brigadier . . .   Leclerc (début).
Rosine . . . . .   Mmes Ganetti (début).
Marceline . . . .   Bonnefoy.
</pre>

Donnée à l'Odéon le 6 mai 1824, cette traduction française d'un chef-d'œuvre italien n'était qu'incomplétement connue. La reprise faite par le Théâtre Lyrique permit aux musiciens de comparer utilement la partition de Rossini avec celle de Paisiello, que les Fantaisies-Parisiennes avaient, trois ans plus tôt, mise à leur répertoire.

Pendant que chantait le sémillant frater, un différend grave s'éleva entre Martinet et la Société des Auteurs et Compositeurs dramatiques. Non contente de prélever 12 o/o sur les recettes brutes, celle-ci imposait au Théâtre Lyrique des billets vendables, des entrées pour ses employés, l'accès dans les coulisses de ces mêmes employés, et un impôt de 500 francs correspondant à un bénéfice pour sa caisse de secours. Écrasé par ces charges, le directeur, dont le traité finissait, voulut s'affranchir au moins de la dernière, à laquelle suppléaient, suivant lui, les droits versés pour les pièces tombées dans le domaine public. Comme réponse à cette prétention, on lui signifia par huissier la défense de jouer aucune œuvre des membres de la Société. Martinet passa outre après avoir, par un mémoire daté du 14 novembre, soumis le cas aux journaux en prenant l'engagement de se conformer à leur avis ; mais, le 23 novembre, sa recette fut saisie. Il lui fallut bien s'incliner alors, et passer avec les Auteurs un traité qui n'apportait au précédent qu'une amélioration minime.

Et les chants continuèrent.

22 décembre : *Javotte*, opéra-comique en trois actes, par Alfred Thompson, paroles françaises de Charles Nuitter et Etienne Tréfeu, musique d'Emile Jonas.

Brock	MM. SOLON.
Tom.	ANDRAU (*début*).
Nick	AUJAC (*début*).
Le Chambellan-Shérif . . .	PETERS.

Le Prince Edward . . . . . Mmes Ugalde *(début)*.
Javotte. . . . . Docau *(début)*.
Isabelle . . . . Formi *(début)*.
Paméla. . . . . Morosini *début)*.

Tandis que Brock, veilleur de nuit à Pumpernickel, se rafraîchit chez sa filleule Javotte, deux fripons nommés Tom et Nick escaladent, dans l'espoir d'une bonne prise, le balcon de la dite Javotte. L'arrivée d'un inconnu les fait changer de tactique et ils organisent, avec son concours, une sérénade dont la fillette s'agace au point d'appeler la patrouille. Tom et Nick s'esquivent, mais l'inconnu profite de l'échelle qu'ils ont dressée pour monter à son tour et déclarer à Javotte l'amour qu'elle lui a inspiré. Cet aveu touche la jeune fille qui, comme jadis Cendrillon, est le souffre-douleur de deux sœurs à la fois coquettes et acariâtres ; aussi favorise-t-elle, aux dépens de Brock, la fuite du galant en qui elle a reconnu le maître de danse du grand-duc Edward. Ce prince justement doit donner un bal auquel le Chambellan-Shérif invite Isabelle et Paméla, sœurs de Javotte. Celle-ci a la corvée d'habiller les demoiselles qui ne la paient qu'en rebuffades ; comme elle se désole de rester au logis pendant que ses sœurs s'amusent, le maître de danse survient, lui donne une leçon et la quitte en lui faisant présent d'une très belle bague qu'il dit tenir du grand-duc. Mais, comme il s'échappe par la fenêtre, le Shérif qui l'aperçoit vient enquêter dans la maison ; voyant le bijou que porte Javotte et qu'il reconnaît pour appartenir au prince, il entraîne la jeune fille, qui ne veut point parler, au palais où l'on décidera de son sort. Enfermée dans un pavillon, elle s'affermit dans la résolution de ne pas compromettre celui qui l'aime lorsqu'on vient la chercher pour la revêtir de très beaux habits et la conduire en pleine fête. Là trônent, au milieu d'une foule brillante, Tom, transformé en comte grec, et Nick se donnant pour baron espagnol ; tous deux s'amusent à mystifier Isabelle et Paméla que leurs flatteries exagérées conquièrent. Leurs instincts prenant le dessus, ils s'oublient jusqu'à voler un bracelet à l'une, un collier à l'autre, la montre même de Brock qui fait office de major-dome. Ces larcins découverts, ils glissent les trois objets dans les poches du Shérif, dont la confusion est sans bornes. Pendant ce temps Javotte, assise à la place d'honneur, jouit sous le masque des plaisirs qui l'entourent. Mais le Shérif gaffeur ose l'accuser des humiliations qu'il endure ; se démasquant, Javotte proteste, et le soi-disant professeur, qui n'est autre que le grand-duc, lui rend sa bague en déclarant faire d'elle son épouse.

Amusant libretto, écrit pour le Gaity-Théâtre de Londres sous le titre de *Cinderella* (Cendrillon), et auquel les traducteurs avaient conservé son parfum d'exotisme. La musique, bien faite, intéressante, manquait un peu de distinction ; elle n'en fut pas moins applaudie. Mᵐᵉ Delphine Ugalde, accoutumée aux travestis, débuta dans le rôle du prince Edward, distribué d'abord à une autre artiste et qu'elle avait appris en quarante-huit heures pour remplacer celle-ci malade ; elle y racheta, par son brio, les faiblesses d'un organe fatigué.

15 février 1872 : *Une Fête à Venise,* opéra-comique en 4 actes, par Charles Nuitter et Beaumont, musique de Federico Ricci.

Gaston	MM. Duwast.
Le Comte	Aubéry.
Beppo	Odezenne.
Buranello	Solon.
La Comtesse	Mmes Ganetti.
Zanetta	Douau.

Carlo . . . . Mᵐᵉˢ BERNARD.
Zerline . . . . KRAETZER.
Lucrezia . . . . MILIA (*début*).

La comtesse Zanpire rejoint à Venise son mari, jeune officier aimable qu'elle s'attend à trouver fidèle, mais elle apprend avec chagrin que le comte se livre à des escapades variées en compagnie du jeune Gaston, son ami, dont il a entrepris l'éducation amoureuse. Tous deux doivent, le soir même, aller au bal masqué. Prévenue par l'aubergiste Buranello et conseillée par Zanetta, sa cameriste, la femme offensée forme le projet de donner une leçon à l'époux trop léger : Gaston servira sa vengeance. Attiré par la comtesse, qui se fait passer pour une veuve se rendant à Trieste, Gaston effectivement confie ses espérances au comte qui lui donne les meilleurs conseils pour séduire... sa femme. L'intrigue s'engage au bal ; chansons, déclarations, imbroglios s'y succèdent. Puis les personnages se retrouvent au Lido, où tout s'éclaircit. Le comte, qui un moment se croit trahi, veut tuer tout le monde, mais il ne tue personne et se trouve trop heureux d'obtenir son pardon. Quant à Gaston, il retourne sagement à la fiancée qui l'aime.

Traduction d'une pièce jouée en Italie sous ce titre : *Il marito et l'Amante*. La donnée en est puérile, et la partition, jugée banale, subit les rigueurs du parterre.

Une mesure gracieuse atténua, pour le directeur, les conséquences de cet échec. Les finances publiques s'étant améliorées, l'Assemblée Nationale attribua le 20 mars, au Théâtre Lyrique, un subside de 60.000 francs. Six jours plus tard, l'affiche proclamait *Nationale* l'entreprise dont ce secours tardif ne pouvait, par malheur, assurer l'existence.

3 avril : *Sylvana*, drame lyrique en 4 actes, paroles françaises de Mestépès et Victor Wilder, musique de Charles-Marie de Weber.

Le duc Mathias	MM.	Solon.
Rodolphe.		Duwast.
Le comte Albert. . . .		Caillot (*début*).
Krips		Neveu (*début*).
Melchior		Clément-Just (*début*).
Hélène	Mmes	Balbi-Verdier.
Zina		Douau.
Sylvana		Pallier (*début*).

Banni, on ne sait pour quelle raison, par le duc Mathias, son père, Rodolphe vit dans une forêt peuplée de vagabonds et de bandits. Il a rencontré là Sylvana, bohémienne sans famille, charmante et muette, pour laquelle il s'est pris d'une sincère amitié, mais à qui il a inspiré un sentiment plus tendre, ce qui désespère Melchior, sacripant que les grâces de la fillette ont séduit. Pour éloigner Rodolphe, Melchior lui apprend que le duc va marier sa nièce Hélène au jeune comte Albert. Rodolphe, qui aime Hélène, s'empresse d'aller rôder autour du château paternel. Sylvana le rejoint, toujours suivie par Melchior, qui excite sa jalousie en lui disant qu'Hélène possède seule le cœur de Rodolphe. Au moment où, dans la grande salle du château, Mathias va unir sa nièce au comte Albert, Rodolphe paraît et réclame les droits de sa naissance ainsi que ceux de son amour. Furieux, le duc le chasse encore et le maudit, en criant qu'il n'est pas son fils mais l'enfant né d'un inconnu qu'on vit jadis sortir nuitamment de la chambre de la duchesse. En même temps Sylvana veut frapper sa rivale d'un coup de stylet, un regard de Rodolphe l'arrête et elle s'enfuit. Melchior, qui n'a pu la rejoindre, est fort malheureux, mais il se console en pensant que du moins les autres souffrent aussi. D'un mot il pourrait désarmer le duc et réhabiliter Rodolphe, ce mot il jure à haute voix de ne jamais le dire. Syl-

vana, revenue aux lieux où elle a connu Rodolphe, entend le
bohémien : lui souriant, elle promet de ne plus le quitter s'il
révèle le secret dont il est détenteur. La muette ne se dévoue
pas seule ; Albert a renoncé à la main d'Hélène et offre à son
rival sa fortune et son aide. Le duc, survenant, voit Rodolphe et Hélène enlacés et tire son épée pour châtier le bâtard.
C'est alors que Melchior, sous l'œil de Sylvana, révèle que
l'homme surpris vingt ans auparavant chez la duchesse
n'était pas un amant mais un voleur, et que ce voleur est
lui-même ; pour preuve il jette à terre les diamants cachés
depuis cette nuit-là dans ses haillons. Mathias ouvre en
pleurant ses bras à Rodolphe et à celle qui sera bientôt sa
belle-fille. Sylvana regarde tout avec une joie indicible,
mais lorsque, assurée du bonheur de Rodolphe, elle se voit
à jamais séparée de lui, elle se précipite dans un gouffre.
Melchior s'élance à son secours ; il ne peut que la voir dis-
paraître, ce qui le rend fou.

Adaptation d'une œuvre écrite en 1808 et représentée pour la première fois à Dresde le 29 juillet
1855. La fable en est intéressante, et la partition
magistrale. C'est par un légitime succès que se ter-
mina le règne de Martinet, car, gêné par l'étroitesse
du cadre où il se mouvait, écrasé par des frais en
disproportion complète avec ses ressources, le directeur mit, le 31 mai, un terme à ses travaux plus
honorables que fructueux. Pendant les neuf mois de
leur durée, le Théâtre Lyrique, national ou non,
n'avait effectivement encaissé que 187.881 francs 45,
c'est-à-dire 695 francs 60 par jour.

Tandis que Martinet, endolori, se recueillait,
Jules Ruelle, son secrétaire, déclarait l'intention de
continuer l'affaire interrompue. Comme il offrait
de prendre à son compte les dettes du Théâtre Lyri-

que (5o.ooo francs au moins), Martinet ne put que pousser à la roue. Grâce à lui, Bischoffsheim transporta le 7 septembre, au postulant, le bail de la salle, qui avait encore dix années à courir, moyennant 3o.5oo francs par an.

Ancien journaliste et auteur de quelques livrets, Ruelle projetait surtout d'exploiter l'opéra-comique. Pour avoir les fonds nécessaires, il forma une société en commandite. D'après les statuts imprimés, cette société, dont le but était de donner des représentations le soir et même le jour, avait comme firme : *Jules Ruelle et Cⁱᵉ*. Son capital, fixé à 200.000 francs, était divisé en deux mille actions de cent francs chacune. Pour 8o.ooo francs, Ruelle apportait le droit au bail consenti, le mobilier et matériel du théâtre, la clientèle y attachée, et la certitude d'un secours mensuel de 6.ooo francs avec espoir d'une subvention régulière. Sur les bénéfices nets de l'exploitation, quarante pour cent devaient être attribués aux souscripteurs, les possesseurs de dix actions ayant de plus entrée libre aux représentations.

Dépourvu d'attaches officielles, l'impresario dut modifier le titre de l'entreprise qu'il assumait ; le Théâtre Lyrique redevint donc *Athénée*.

L'administration nouvelle se composait ainsi :

Directeur, Jules Ruelle ;

Secrétaire, Gadobert ;

Régisseur général, Vade ;

Deuxième régisseur, Manoé ;

Premier chef d'orchestre, Charles Constantin ;

Deuxième chef d'orchestre, Charles Placet.

Les places, comme sous Busnach et Martinet, valaient de 2 à 6 francs. Quant à la troupe, elle comprenait nombre d'artistes vus déjà, que renforcèrent, à des dates que nous signalerons, divers survenants.

L'Athénée rouvrit, le 10 octobre 1872, par une pièce inédite.

L'Alibi, opéra-comique en 3 actes, par Jules Moinaux (avec A. de Leuven), musique d'Adolphe Nibelle.

Gaston	MM. LARY (*début*).
Perrinet.	VAUTHIER (*début*).
Lecoq	G. BONNET.
Bernard	GÉRAIZER.
Freslon.	VARLET (*début*).
Un bailli	GALABERT (*début*).
Julienne	Mmes GIRARD (*début*).
Gabrielle	MARIETTI (*début*).
Emma	CHAIN (*début*).

Gaston de Mauperché, gentilhomme amoureux, s'introduit par escalade dans un couvent pour enlever Gabrielle qu'il adore et qu'on veut marier à un être vieux et désagréable. Gaston est aidé par la couturière Julienne qui a des visées sur Lecoq, maître de dessin dans ledit couvent. Par malheur l'affaire manque ; trahi par un portier qui va chercher les gendarmes, Gaston est obligé de fuir en laissant un pan de son manteau accroché dans la porte. Au cours de sa fuite il rencontre Lecoq, le bat, vole son cheval, et disparaît en le couvrant du manteau compromettant. Arrivé dans l'auberge tenue par Bernard, il y rencontre

Julienne et lui conte sa mésaventure. Pour le tirer de peine,
la couturière s'empresse de lui constituer un alibi. On
retarde la pendule et Gaston fait un sabbat effroyable pour
bien affirmer sa présence à l'heure mensongère. Le scandale est tel qu'on arrête le jeune homme. Perrinet, oncle de
Gabrielle, a sur lui des soupçons, mais, devant l'alibi invo-
qué, il hésite. Si ce n'est pas Gaston, qui donc sera coupable ? Le maître de dessin, surpris encore vêtu du manteau
déchiré. — « Qu'il devienne mon neveu, dit le docteur, je
lui donne 5o.ooo livres de dot ». — Lecoq épouserait
volontiers, mais Julienne, qui le veut pour elle, intervient
et, après quelques incidents, les amants sont unis.

Bouffonnerie manquée, partition surabondante ;
insuccès au total, qui ne rejaillit point sur Mlle Gi-
rard dont la voix était agile et solide, ni sur
Mlle Marietti, charmante dans un petit rôle.

21 octobre : *Dimanche et Lundi*, opéra-comique en
1 acte, par Henri Gillet, musique d'Adolphe Deslan-
dres.

Barnabé.	MM. Géraizer.
Lucas	Laurens (*début*).
Suzon	Mme Dorsay (*début*).

Lucas courtise Suzon, fille du fermier Barnabé, mais,
tout en agréant ses hommages, Suzon prétend, une fois par
semaine, user du droit d'être coquette. Le dimanche donc
elle met une jolie robe, et va au bal où elle danse avec tous
les garçons, Lucas excepté. Ce manège agace Barnabé qui,
pour y mettre fin, s'entend avec son futur gendre. On fait
croire à Suzon, revenue samedi soir d'un fatigant voyage,
qu'elle a dormi quarante-huit heures, et qu'au lieu de

dimanche c'est lundi qu'elle s'est réveillée. Avec un gros soupir la fillette ôte la robe blanche qui lui va si bien, mais, quand elle veut flirter avec Lucas, celui-ci la repousse en déclarant que, puisque le dimanche elle préfère les enjôleux, lui, le lundi, aimera exclusivement la bouteille. D'abord furieuse, Suzon réfléchit, puis compose avec le galant : elle sera désormais aimable le dimanche et Lucas, s'il boit le lundi, n'aura pas moins d'amour ce jour-là que les autres.

Sujet peu vraisemblable, musique claire, facile, toujours mélodique : demi-réussite.

23 novembre : *Madame Turlupin*, opéra-comique en 2 actes, par Eugène Cormon et Grandvallet, musique d'Ernest Guiraud.

Turlupin	MM. LEPERS (*début*).
Coquillard	GALABERT.
Rodomont	LEMAIRE (*début*).
Piphagne	GIRARDOT (*début*).
Isidore	VINCHON (*début*).
Olivier.	LAURENS.
Maguelonne	Mlles DAHAM (*début*).
Isabelle	CHAIN.
La Duègne	BONNEFOY.

Maguelonne, chanteuse des rues, s'est trouvée un jour devant un théâtre en plein vent où Turlupin, farceur illustre, tirait de son cœur la bouffonnerie et les larmes ; prise d'enthousiasme, elle enjamba la rampe d'un coup de jarret et se réveilla, le lendemain, Mme Turlupin. Cinq ans ont passé depuis ; la vogue de Turlupin décline, et il doit se résoudre à exploiter la province. La fête des Loges va commencer à Saint-Germain, quand la troupe joyeuse y arrive. Mais la caisse est vide et Piphagne, aubergiste du *Soleil d'or*, refuse de nourrir les bateleurs sous prétexte qu'à Pontoise, où il exerçait jadis, Turlupin a oublié d'acquitter une note de cinquante-trois livres. La raison vraie de cette rigueur est que Piphagne, amoureux de Maguelonne, s'est vu éconduire par la belle. Au même instant Rodomont, capitaine chargé de la police de Saint-Germain, signifie au bouffon qu'il interdit, pour raison politique, la pièce annoncée. Rodomont se venge, en réalité, d'avoir été, comme Piphagne, dédaigné par Mme Turlupin. Celle qui a fait le mal n'est point embarrassée pour le réparer. Elle parle de quitter *le Soleil d'or*, d'en appeler au gouverneur, et soudain les hommes retournés s'empressent, l'un de servir trois repas, l'autre de rédiger une autorisation très nette. Ils espèrent qu'attendrie Maguelonne fera bon accueil aux billets qu'ils lui glissent à l'insu du mari, mais l'actrice est vertueuse et ne songe qu'à les berner encore. Le sort se déclare pour elle, car voici qu'en échange d'une ingénue et d'un jeune premier, débauchés par les indigènes, lui arrive un couple vrai d'amoureux qui ne sont autres qu'Olivier, neveu de Rodomont, et Isabelle, fille de Piphagne. Ils joueront des rôles dans la farce promise, avec le concours imprévu de l'oncle et du père, à qui Maguelonne fait endosser les costumes de Turlupin et de Gros-Guillaume pour soi-disant fuir avec eux. Sur la scène obscure où ils croient la joindre, ils se heurtent aux meubles, puis aux amants prêts à jouer Lindor et Agnès. Double fureur de Rodomont, sommé d'autoriser la pièce ou de la jouer lui-même, et de Piphagne, à qui l'on signifie d'unir Isabelle avec Olivier. Par peur du scandale, tous deux cèdent en menaçant de siffler le spectacle, sur quoi Maguelonne, dans un dernier chant, prie le public d'étouffer la cabale sous ses bravos.

Livret ingénieux, résistant, partition spirituelle et d'une facture savante; vif succès approuvé par tous les gens de goût. Il se renouvela, seize ans plus tard, à l'Opéra-Comique.

2 décembre : *Dans la forêt*, opéra-comique en 1 acte, par Jules Ruelle, musique de Charles Constantin.

Honorat.	. . . . .	MM.	Troy (*début*).
Robert .	. . . . .		Lefebvre (*début*).
Pamphile	. . . . .		Girardot.
Paterne .	. . . . .		Galabert.
Pierre .	. . . . .		Guillot (*début*).
Edmée .	. . . . .	Mmes	Marietti.
Laurette	. . . . .		Enaux (*début*).

Dans le but d'éviter un mariage qu'on lui propose, Robert, jeune seigneur, s'enfuit de la maison paternelle pour vivre, avec son serviteur Honorat, dans une forêt des environs. Un équipage contenant deux dames va, certain jour, tomber dans un ravin, lorsque Robert survient et le tire de péril. L'une des voyageuses, Edmée, s'éprend de son sauveur qui, de son côté, devient amoureux d'elle, tandis qu'Honorat s'enflamme pour la suivante Laurette, non moins reconnaissante que sa maîtresse. Pendant que les quatre personnages prennent un repas frugal, des soldats en nombre entourent leur cabane ; ils sont envoyés par le père de Robert, qui apprend qu'Edmée est précisément la femme qu'on lui destinait, aussi s'empresse-t-il de réinté-grer le château de ses pères.

Poème bien mené, partition un peu solennelle : réussite discutée.

30 décembre : *Le Péché de Géronte*, opéra-comique en 1 acte, par Pagès de Noyez, Mandeville et Marcampe (Minier), musique de William Chaumet.

Géronte	. . . .	MM.	Géraizer.
Damis	. . . .		G. Bonnet.
Agathe	. . . .	Mmes	Marietti.
Gertrude.	. . . .		Bonnefoy,

Le péché de Géronte, c'est d'aimer sa pupille Agathe, que l'officier Damis lui dispute. Pour couper court aux difficultés suscitées par le vieil entêté, Damis forme le projet d'enlever sa maîtresse. Il fait revêtir à Agathe la robe de sa gouvernante Gertrude et va déclarer à Géronte qu'il a conçu pour cette dernière un amour invincible. Géronte, enchanté, consent à l'enlèvement dont Damis a l'idée, mais, voulant que tout se fasse dans les règles, il refuse la clef de son jardin afin que les amants escaladent les murs. Costumée en Agathe, Gertrude dérobe à son maître la fameuse clef, ce qui permet aux jeunes gens de partir; mais, la prenant pour sa pupille, Géronte lui fait une déclaration si passionnée qu'il en demeure prostré. On accourt pour le trouver aux pieds de la gouvernante. Comprenant alors que sa pupille ne l'aime pas ainsi qu'il le pensait, il prend le sage parti de l'unir à Damis.

Sujet caduc, musique prétentieuse, insuccès complet.

3o décembre : *La Farce de Maistre Villon*, opéra-comique en 1 acte, par Fernand Langlé, musique de Théodore de Lajarte.

Villon	MM. LEPERS.
Le Docteur.	GÉRAIZER.
Marcoquet	GALABERT.
Gobin	J. DUPONT (*début*),
Aloyse	Mlle MARY NELLY (*début*).

Affamé, Villon rôde par les rues lorsqu'il rencontre, devant l'auberge de Marcoquet, deux fiancés qui discourent pour décider l'aubergiste à fournir leur repas de noces. Le rimeur se charge de le leur faire obtenir et, après avoir entretenu Marcoquet à qui il s'est donné comme l'ami d'un docteur voisin, il obtient que les plats seront livrés si ledit docteur répond du paiement. Au médicastre, Villon raconte alors que son maître a des dents gâtées qu'il désirerait se faire extraire, mais c'est un grand original et, à tout ce qu'il dit, on doit riposter ces seuls mots : « Je me charge de tout ». En voyant le docteur, Marcoquet lui fait force questions, auxquelles l'autre répond par la phrase convenue. Villon, par suite, s'en va porter aux amoureux le festin promis. Lors l'aubergiste présente sa note au docteur qui, pour toute réponse, le campe sur une chaise et, malgré sa résistance, extirpe avec un grand sabre les sept dents qui lui restaient.

Livret écrit en vers libres pour fournir le prétexte d'airs agréables et de chœurs originaux : demi-succès.

16 janvier 1873 : *Monsieur Polichinelle*, opéra-bouffon en 2 actes, en vers, par Léon Morand et Gustave Vattier, musique d'Alfred Delehelle.

Polichinelle.	MM. VAUTHIER.
Ragoneau	GALABERT.
Dandin	GUILLOT.
Léandre	LARY.
Plantin	G. BONNET.
Guillaume	BOUSSAGOL (*début*).
Argeline	Mlle MARIETTI.

Ivrogne et tapageur. Polichinelle n'a pas de plus grand plaisir que de rosser vigoureusement le commissaire Ragoneau qui demeure en face de lui. Comme il vient de goûter cette ineffable joie, Léandre, son fils, lui déclare qu'il aime Argeline, fille de Ragoneau, et que, se sachant aimé d'elle, il la veut pour épouse. Polichinelle, bon père, consent à adresser à son ennemi la demande d'usage. Indigné d'abord, Ragoneau s'adoucit en voyant les larmes de sa fille, mais il met au mariage cette condition formelle qu'il rendra publiquement à son brutal voisin tous les coups de bâton dont on le gratifia. Polichinelle refuse, puis, informé par Plantin, son valet, que Léandre songe au suicide, accepte finalement l'humiliation imposée. Une convention est écrite, par laquelle Ragoneau s'engage, en échange de vingt-cinq coups de bâton appliqués sur l'échine de Polichinelle, à prendre pour gendre le fils de celui-ci. Polichinelle pense loyalement tenir parole, lorsqu'un mot de Plantin lui donne l'idée d'une supercherie dont s'accommode son humeur gaie. Au quinzième coup reçu devant témoins, le patient s'affaisse ; on le croit mort, mais, après quelques soins reçus dans sa maison, il reparaît, chancelant, pour signer avec Ragoneau le contrat de leurs enfants. La chose faite, il se redresse pour confesser que c'est Plantin qui, sous ses traits et son costume, a reçu la dure bastonnade. Le commissaire crie à la trahison, mais les amants n'en sont pas moins unis.

Heureuses situations, tracées en vers alertes. Prix de Rome de 1853, Delehelle avait écrit sur elles une jolie musique qu'on applaudit justement.

23 janvier : *Les Rendez-vous galants*, opéra-comique en 1 acte, par Fernand Langlé, musique de Mᵐᵉ de Sainte-Croix.

Francesco	MM. G. Bonnet.
Triborno	Géraizer.
Fracassante	Galabert.
Lucia	Mᵐᵉˢ Girard.
Elvire	Enaux,
Lucrèce	Duquers (*début*).

Lucia, femme de Francesco, est courtisée par le capitaine Fracassante et le podestat Triborno, mariés eux-mêmes à deux de ses amies. Voulant s'amuser d'eux, elle conseille à son mari de s'absenter pour une journée. Francesco parti, les galants, chargés de pâtés et de vins, arrivent pour banqueter en son absence. Ils vont se mettre à table lorsque Francesco revient inopinément ; ils se cachent alors dans un pavillon qui leur permet de voir et d'entendre. Utilisant la table mise, Francesco invite les femmes de Fracassante et de Triborno, venues en visite chez Lucia, et que celle-ci met dans la confidence. Tandis que Lucia et Lucrèce Triborno vont quérir du champagne, Francesco fait, par représaille, la cour à Elvire, femme de Fracassante qui est obligé de se tenir coi et de subir les quolibets de Triborno ; mais c'est bientôt le tour de ce dernier, qui entend Lucrèce confesser à Lucia qu'elle déteste le vieux mari qu'on lui a imposé. Enfin, Lucia restant seule, les deux braconniers d'amour viennent se jeter à ses genoux ; au même instant réapparaissent leurs femmes, puis Francesco, et ils comprennent qu'on s'est joué d'eux.

Donnée vieillotte, amenant quelques situations plaisantes, partition quelconque : succès modeste, en résumé.

19 février : reprise de *La Fanchonnette*, opéra-comique en 3 actes, par H. de Saint-Georges et A. de Leuven, musique de L. Clapisson.

Prince de Listenay . . .	MM. Monjauze (*début*).
Don José	Géraizer.
Boisjoli	Galabert.
Candide	Aurèle (*début*).
Un vieillard	Gabriel (*début*).
De Soyecourt	Lary.

Marchand de coco. . .	MM. Lemaire.
Marchand de gâteaux. .	Boussagol.
Un majordome	Vinchon.
Fanchonnette	Mmes Daram.
Hélène	Marietti.
Marchande de fleurs . .	Durand (*début*).
Marchande de plaisir. .	M. Nelly.
Marchande de fruits . .	Chain.

Créé au Théâtre Lyrique le 1ᵉʳ mars 1856 et repris onze années plus tard, ce charmant ouvrage fut revu avec un plaisir justifié par les interprètes que guidaient vaillamment Monjauze et Mˡˡᵉ Daram.

28 février : *La Dot mal placée*, fantaisie espagnole en 3 actes, par Georges Mancel, musique de Paul Lacôme.

Santa Marina	MM. Géraizer.
Luis Espada	Lepers.
Carlos	Lary.
Rodrigo	Galabert.
Mènotombo	D'Herdt (*début*).
Pépita	Mlle Girard.

Santa Marina possédait une collection de médailles rarissimes et valant une fortune. Sur le point de tomber entre les mains de pirates, il l'a avalée. La dot placée dans l'estomac du père ne peut guère servir à Pépita, sa fille, qui a trois prétendants qu'elle n'aime point et un amoureux naviguant sur des mers lointaines. Santa Marina a recours à Mènotombo, son médecin, qui lui prescrit une saignée. Le malade s'y refuse, mais voici qu'au cours d'un festin royal il se trouble, porte la main à sa ceinture et sort en défendant par gestes qu'on le suive : le remède espéré était au

fond d'un verre de vin vieux : des esclaves apparaissent, en
effet, avec un grand bassin rempli de pièces d'or. Les prétendants, qui avaient refusé Pépita sans dot, se remettent
sur les rangs en voyant la fortune. Mais bientôt résonne
dans la rue une sérénade ; c'est l'homme aimé par Pépita
qui, très expéditif, supprime d'un seul coup d'épée ses trois
rivaux : il empochera l'argent et épousera la fille.

Folie originale et gaie qu'une musique vive et
brillante complétait de façon que le tout fût cha-
leureusement accueilli.

25 avril : *Ninette et Ninon*, opéra-comique en 1 acte,
par Hermance Lesguillon et Fernand Langlé, musique
de J.-G. Pénavaire.

Albert	M. Mas (*début*).
Ninette.	Mlles Marietti.
Rose	Heumann (*début*).

Ninette, jeune veuve, est courtisée par Albert de Cézanne
qui désire l'épouser. C'est à la vue d'un médaillon perdu
par elle dans un bal que ce monsieur s'est enflammé. Pour
se débarrasser de lui, Ninette prétend que le portrait n'est
pas le sien, mais celui de sa sœur Ninon. Revêtue d'un
autre costume, elle joue effectivement ce faux personnage,
mais Albert est si amoureux, si convaincant, qu'elle finit
par avouer sa ruse et le prend pour second mari.

Aussi insignifiant comme partition que comme
livret, cet acte subit la mauvaise humeur du parterre.

3o avril : *La Guzla de l'Emir*, opéra-comique en
1 acte, par Jules Barbier et Michel Carré, musique de
Théodore Dubois.

Babouc	MM. Vauthier.
Hassan	Mas.
Le Cadi.	D'Herdt.
Fatmé	Mlle Girard.

Babouc, cordonnier arabe, a élevé tant bien que mal l'or-
pheline Fatmé qu'un ami lui avait léguée. Comme sa pupille
possède 5.000 sequins, il imagine, pour n'en point rendre
compte, de l'épouser lui-même. Mais au mot de mariage,
Fatmé pousse des cris tels qu'il la croit privée de raison.
Il n'en est rien, et c'est le mari seul qui déplaît à la belle.
Babouc effectivement, est vieux et brutal ; de plus Fatmé
garde en son cœur l'image d'un jeune homme qui, certaine
nuit, l'a protégée contre des fellahs ivres, lui a donné une
rose en la quittant, et vient tous les matins chanter devant
sa porte en s'accompagnant d'une guzla. Babouc a remarqué
le plaisir qu'éprouve sa pupille à entendre l'inconnu ; il
engage celui-ci pour chanter devant elle. Bien que, par
prudence, il l'habille en vieille, Fatmé trouve moyen de se
faire reconnaître et d'enfermer Babouc pour chanter, avec
l'inconnu, un amoureux duo. Le cordonnier saute par la
fenêtre et va demander au cadi de venir constater la folie
de sa pupille; mais, aux questions du magistrat, Fatmé
répond posément, finement, si bien que Babouc s'exaspère,
et que c'est lui qu'on déclare insensé. — « Bien jugé,
cadi ! » dit en s'avançant le joueur de guzla qui, d'une
cachette, a assisté à l'interrogatoire. O surprise ! l'artiste
n'est autre que l'Emir du pays, qui prend pour épouse
Fatmé ravie, en abandonnant à Babouc les sequins convoités.

Cette pièce, reçue depuis six ans à l'Opéra-Comique, en avait été retirée par le compositeur qui, en

qualité de prix de Rome, croyait avoir droit à plus
d'égards. Un délicieux poème, une partition fine,
aimable et distinguée, valurent au théâtre de la
rue Scribe un succès flatteur et indiscuté.

28 mai : *Raphaël*, opéra en 5 actes, par Méry et Ber-
ville, musique de Giunti Bellini.

Raphaël . . . . MM.	SACLEY (*début*).
Le Duc	LEPERS.
Cafarelli	MAYAN (*début*).
Jules Romain	MAS.
Le Cardinal	D'HERDT.
La Fornarina . . . . Mmᵉˢ	FORMI.
Vanozza	CHAPELET (*début*).

Raphaël, peintre de génie, est amoureux d'un modèle appelé
la Fornarina, tandis qu'une grande dame, Vanozza, s'éprend
follement de l'artiste. Pour vivre près de lui, cette dernière
prend des vêtements d'homme et se fait recevoir comme
élève, mais toutes ses tentatives échouent, ce qui la déter-
mine au suicide. On l'empêche de se tuer, et elle assiste
aux derniers moments de Raphaël, qui meurt dans les bras
de son heureuse rivale.

Pitoyable livret, musiqué de façon vulgaire. Dou-
blement déçu, le public bailla, siffla et finit par faire
un succès de rire à l'ouvrage dont les auteurs espé-
raient un succès d'émotion.

Avec cette mésaventure coïncida le dernier paiement du secours consenti par le ministère à l'entreprise de Ruelle, secours composé de 35.000 francs
restant sur la subvention attribuée à Martinet et

réparti en six versements. L'Athénée donc, à partir
de cette date, n'eut plus à compter que sur des recettes si notoirement insuffisantes qu'un dénouement
fâcheux apparut dès lors comme inévitable. Nul
effort du moins ne fut épargné pour en différer la
date.

6 juin : *Jaloux de soi*, opéra-comique en 1 acte,
paroles et musique d'Anaïs Marcelli (comtesse Perrière-
Pilté).

> D'Arthenay. . . . . . .   M. G. Bonnet.
> Hortense   . . . . Mmes Derasse (*début*).
> Rosette . . . .   Géraizer.

D'Arthenay, fermier-général, délaisse journellement la
jeune Hortense pour aller à la chasse. Rosette, servante
dévouée, entreprend de faire revenir à sa femme ce mari
trop prosaïque. Elle lui dit mille choses qui le rendent surtout jaloux d'un portrait qu'Hortense contemple toute la
journée ; ce portrait il le veut, l'exige, et est agréablement
surpris en constatant que c'est le sien.

« On ne sait, dit un critique du temps, ce qu'il
faut admirer le plus, de l'aveuglement du directeur
qui a reçu cette pièce, ou du compositeur qui l'a
écrite sans avoir même la moindre idée mélodique. »

6 juin : *Saint Nicolas*, opéra-comique en 1 acte, paroles et musique d'Henri de Mortarieu.

> Croquignolle   . . .   M. G. Bonnet.
> Rose   . . . .   Mlle Blainville (*début*).

Récemment établi pâtissier dans Paris, Toto Léveillé, dit Croquignolle, doit épouser une veuve âgée. La Saint-Michel étant la fête de cette dame, Croquignolle, chargé d'un panier contenant des gâteaux et du vin, s'en va souhaiter à sa future mille prospérités. Soudain lui tombe d'une fenêtre une statuette de Saint-Nicolas, qui l'oblige à s'asseoir dans son panier. Voulant remercier l'auteur de ce présent, il monte chez une demoiselle Rose qui s'excuse, le soigne, et lui offre un repas au cours duquel il reconnaît en elle une cousine qu'il aima jadis à Provins, et dont il ignorait la présence dans la capitale. On cause, en réveillant les souvenirs d'enfance ; bref l'assommé et la quasi-meurtrière s'embrassent et jurent de s'épouser : on remplacera à frais communs la statuette que, par dépit de ne point trouver d'épouseur, Rose avait jetée dans la rue.

Œuvrette de salon, qu'on reçut de façon polie.

6 juin : *Pierrot-Fantôme*, opéra-comique en 1 acte, par Ernest Dubreuil et Léopold Stapleaux, musique de Lionel (Léon Vercken).

Pierrot	MM. VAUTHIER.
Barnaba	GÉRAIZER.
Bambolini	GALABERT.
Astolphe	LEFEBVRE.
Trincolo	LARY.
Giacomo	VINCHON.
Carline	Mlle MARIETTI.

Barnaba, docteur de Padoue, ne se contente pas de faire de l'or potable ; il possède tout un arsenal de fioles contenant des narcotiques ou des poisons. La manie de cet alchimiste est de ne pas vouloir entendre parler de mariage pour sa fille Carline, bien que celle-ci aime le jeune Astol-

phe et soit aimée de Trincolo, neveu du podestat. Carline
en est réduite à conter ses peines à un portrait de Pierrot,
qui orne le cabinet du docteur. Or Trincolo commande à
Barnaba, moyennant cent sequins, un soporifique capable de
provoquer une léthargie de deux jours : il veut avec cette
drogue faire croire au décès du podestat et emprunter alors
mille sequins sur son héritage. Le docteur commence la
potion, mais il a oublié de mettre son masque de verre et
le voilà qui s'endort, laissant la mixture incomplète. Carline et Astolphe profitent de l'occasion pour échanger leurs
serments et leur désespoir. Dans un accès de colère, Astolphe saisit la fiole et la jette au hasard. Elle va se briser
sur le cadre du portrait de Pierrot et comme, l'opération
n'ayant pas été achevée, le liquide possède la propriété
d'éveiller au lieu d'endormir, Pierrot remue ses membres,
puis descend du cadre où il était depuis 163 ans immobi-
lisé. Terreur des amants, que le fantôme rassure ; en échange
du service qu'on lui a rendu, il protégera l'amour dont Carline l'avait fait confident. Et de fait, à Trincolo revenu, il
remet de la part de Barnaba une liqueur qui a le privilège
de procurer à celui qui la boit un rire inextinguible. Le
docteur, quand il se réveille, s'imagine que Pierrot, qui se
donne pour un domestique attendu, a livré du poison ; se
croyant perdu, il s'empresse d'appeler le podestat pour lui
faire des aveux. Tout en riant follement, le magistrat condamne Barnaba à être pendu ; mais, au lieu de l'arrêt du
père, c'est le contrat de la fille que Pierrot glisse sous la
plume de l'autorité. Il a tenu parole ; mais tout à coup ses
jambes fléchissent, la vie qu'il a reçue est limitée à l'effet
de la drogue : sa voix donc s'éteint et, soutenu par Astolphe et Carline en larmes, il redevient le portrait qu'un heureux hasard a momentanément animé.

Action un peu sérieuse, mais pleine d'intérêt et
d'imprévu ; des airs originaux autant que bien
écrits mettaient en relief les situations gaies ou
attendrissantes ; un succès justifié récompensa les

trois auteurs, bien servis d'ailleurs par leurs interprètes, par Vauthier surtout, plein de verve et d'esprit.

28 juin : *Royal-Champagne*, opéra-comique en 1 acte,
par Couturier et De Saint Geniès, musique de Lemarié.

Jacquinet	MM. Lefebvre.
Francœur	Géraizer.
La Verdure	D'Hert.
La Feuille	Vinchon.
Rouget	Grout (*début*).
Bernerette	Mmes Marietti.
Rose	Heumann.
Arthémise	Wilfer (*début*).

Jacquinet, conscrit dans l'escadron de Royal-Champagne,
a laissé dans son village Bernerette, jeune fille qu'il aime
et dont il est aimé. Un jour que Francœur, sergent recru-
teur, traverse le pays, Bernerette lui remet une bague et
une lettre pour Jacquinet. Le sergent, trouvant que la bague
fait mieux à son doigt qu'à celui d'un simple soldat, se
l'approprie après avoir dit au conscrit que sa fiancée est
infidèle. Dès lors Jacquinet ne pense plus qu'à mourir ; toujours au premier rang, il se bat comme quatre et monte de
grade en grade. Bernerette, qui ne reçoit de lui aucune nouvelle, se déguise en colporteur et part à la recherche du
Royal-Champagne. Mais, en arrivant, elle est prise pour
espion et traduite devant un conseil de guerre. Comme ce
tribunal est présidé par Jacquinet, tout s'explique, et, au
lieu d'être fusillée, Bernerette épouse son amant.

Action et dialogue simples, musique plus abondante que remarquable : demi-réussite.

Clos pour cause de chaleur le premier jour de juillet, l'Athénée donna, le mois suivant, asile à une troupe anglaise qui joua *Hamlet* et *Othello* sans piquer la curiosité parisienne. Il rouvrit, le 20 septembre, avec *le Barbier de Séville*, de Rossini, où débutèrent MM. Dereims (Almaviva), Staveni (Bazile) et Mˡˡᵉ Wanda de Bogdani (Rosine).

Le Déserteur, opéra-comique en 3 actes, par Sedaine, musique de Monsigny, fut également repris, deux jours plus tard, pour la rentrée de Girardot (Alexis), et le début de Mˡˡᵉ Deleu (Louise).

A ces remises heureuses succéda un ouvrage créé le 6 octobre 1853 au Théâtre Lyrique, et qu'aucune autre scène n'avait encore recueilli.

18 octobre : *Le Bijou perdu*, opéra-comique en 3 actes, par A. de Leuven et De Forges, musique d'Adolphe Adam.

Pacôme.	MM. Lepers.
D'Angenne.	Jouanne (*début*).
Coquillière.	Galabert.
Le Chevalier	Lary.
Bellepointe	D'Herdt.
Le Vicomte	Urbain (*début*).
Le Baron	Barthélemy (*début*).
Un couvreur	Vinchon.
Toinon	Mmes L. Singelée.
Marotte.	Valpré (*début*).

Une interprétation satisfaisante fit applaudir chaudement cet amusant ouvrage. On attendait, à sa suite, des nouveautés diverses, mais, le mercredi 3 décembre, l'Athénée ferma, sans avis préalable. C'était l'issue logique d'une campagne entreprise sans prudence. Réfugiés au Théâtre du Château-d'Eau, les artistes essayèrent d'intéresser le public en jouant, le 6 décembre et jours suivants, *la Dot mal placée*, *le Barbier de Séville* ou *le Bijou perdu*; il leur fallut, le 15 du même mois, renoncer à cette tentative, tandis qu'on infligeait à leur impresario l'humiliation d'une faillite (1).

Pas plus que le sien propre, l'échec subi par Ruelle n'affaiblit, chez Martinet, la conviction que l'œuvre dont il avait été le promoteur eût servi l'art autant que les artistes. En 1894, bien qu'octogénaire, il méditait encore l'établissement d'un Théâtre Lyrique où s'exerceraient, librement et à leur profit, les élèves du Conservatoire. Il mourut, l'année qui suivit, sans avoir pu réaliser son rêve.

(1) Les registres de la Société des Auteurs établissent qu'en onze mois et demi, Ruelle avait encaissé 229.130 francs 30, ou 664 francs par jour.

TABLE ALPHABÉTIQUE

DES 35 PIÈCES (1) COMPOSANT LE RÉPERTOIRE
DU DEUXIÈME

THÉATRE DE L'ATHÉNÉE

(1) 25 nouveautés, dont 17 imprimées, et 10 reprises.

LE
THÉATRE SCRIBE

1874-1875

Après une fermeture de neuf mois, interrompue
seulement, le 11 février 1874, par une représentation
de *La Ferme de Miramas*, opéra-comique en 1 acte,
par Saint-Léon, musique du marquis Jules d'Aoust,
la salle de l'Athénée trouva preneur en la personne
de Noël Martin, acteur de l'Odéon, qui prétendait
exploiter là le drame intime, la comédie et le vaudeville. Le nom de Scribe, expert dans ces trois genres, vint naturellement à l'esprit du nouvel impresario, et c'est l'habile auteur qu'il prit comme patron,
de préférence à Voltaire et à Racine, bizarrement
proposés à son choix.

Un peu d'or sur les cariatides des avant-scènes,
un peu d'azur aux premières galeries, de vermillon
aux secondes, une demi-toilette aux demoiselles des
frises, et l'entreprise nouvelle fit ses débuts.

5 septembre 1874 : *Le Théâtre Scribe*, à propos en vers, par Charles Le Senne et Alfred Delilia.

En 52 vers, débités par Mlle Elise Picard, enlevée à l'Odéon, les auteurs réclamaient, selon l'usage, l'indulgence inconditionnelle du public. Les projets de la direction y étaient formulés ainsi :

Nous voulons réagir contre un fatal non-sens
Et frayer, s'il se peut, la voie aux jeunes gens.
Trop aisément l'on veut croire à leur impuissance,
C'est une erreur ! En eux nous avons confiance
Et, sans bannir pourtant ceux qui sont parvenus,
Nous voulons soutenir les efforts méconnus.
Direz-vous à l'oiseau de vivre sans lumière,
A l'herbe de pousser à travers la poussière ?
Non, n'est ce pas ? — Eh bien ! j'en crois bon le conseil ;
Les fleurs et la jeunesse ont besoin de soleil,
Il faut le leur donner. — Tel est notre programme,
Place aux jeunes !

La toile, baissée sur ce prologue qui était le résultat d'un concours et qu'on applaudit, se releva successivement pour deux pièces écrites, selon la formule précitée, par des débutants.

Les Ecoliers d'amour, comédie en 1 acte, en vers, par Pierre Elzéar.

Beppo . . .	MM.	Alphonse Mercier.
Melampiro . .		Georges Rey.
Carlos. . . .	Mmes	Daudoird.
Inès		Berthe Oppenheim.
Paquita . . .		Marie Geslin (du Vaudeville).

Inès vient de quitter le couvent pour l'hôtel de son tuteur Melampiro. Celui-ci prétend la marier sans délai. Effrayée par cette perspective Inès, à qui les sœurs ont présenté le mariage comme le plus fâcheux des états, demande à Paquita, sa suivante, de la reconduire dans la maison sainte. Paquita obtient de la fillette un délai d'une journée. Ce temps suffit à Beppo, amant de Paquita et digne héritier de Scapin, pour introduire près d'Inès un jouvenceau rencontré dans la rue et dont l'innocence égale celle d'Inès, ce qui s'explique par cette raison qu'il sort d'un monastère. Carlos (c'est le nom du jeune homme) vient à Madrid pour y joindre un ami de son père chargé de le marier : il voit Inès, s'éprend d'elle et, l'ayant effrayée, se décide à mourir. Beppo, en guise de poison, lui verse du lacryma-christi qui le surrexcite au point qu'il fait à sa belle, radoucie, la plus chaleureuse des déclarations. Melampiro, survenant, dénoue l'intrigue d'autant plus facilement que Carlos, attendu par lui, est le fiancé destiné à Inès. Les innocents déniaisés se marient, tandis que Beppo reçoit la main de Paquita pour prix de ses bons offices.

Sujet nul, mais abondance de vers bien faits qui provoquèrent les bravos.

Le Vignoble de Madame Pichois, comédie en 4 actes, par Alexandre Bisson et André Sylvane.

Coulandon	MM.	Montigny
Damoiseau		Nigri.
Trumelet		Mercier.
Bonnardeau . . .		Péricaud (du Vaudeville).
Beaumesnil. . . .		Chaudesaigues (de Cluny).
Quillembois . . .		Alph. Mercier.
Constant		Dhéa.
Mme Pichois . . .	Mmes	E. Picard (de l'Odéon).
Julia		Geslin.

Valentine	Mmes B. Oppenheim.
Mme Beaumesnil . .	Hélian.
Erzilie	Despretz.
Françoise	Largilliere.

Aimant sa femme Julia et aimé d'elle, Coulandon serait heureux si Mme veuve Pichois, sa belle mère, ne s'interposait constamment entre les jeunes époux et ne leur rendait la maison insupportable. Coulandon va peut-être en venir à des extrémités fàcheuses lorsqu'un sien ami, Damoiseau, lui conseille de se débarrasser de la veuve en la mariant à Trumelet, père de Valentine dont lui, Damoiseau, est tombé amoureux. Trumelet, membre d'une société de viticulture, épouserait volontiers pour avoir le très beau vignoble que possède à Dijon Mme Pichois et dans lequel il pourrait faire de sensationnelles expériences. Mais Bonnardeau, capitaine retraité et viticulteur aussi, convoite le même domaine ; ne pouvant l'obtenir à prix d'argent, il pose, lui deuxième, sa candidature à la main de la veuve. Malgré son caractère, cette dernière est sensible ; elle fut même jadis l'héroïne d'une aventure dont les deux prétendants apprennent en même temps les détails. Ils se donnent, l'un après l'autre, pour le galant qui, après avoir envoyé quantité de jasmins blancs, obtint de Mme Pichois, prénommée Juliette, un ren-dez-vous en fiacre. Longtemps perplexe, la veuve se décide pour Trumelet, reconnu l'auteur d'un mémoire sur l'oïdium abandonné dans ladite voiture ; elle l'épouse donc, à la grande joie de Coulandon. Damoiseau, qui a de tout son pouvoir facilité ce dénoûment, sera mari de Valentine.

Cette comédie, très compliquée et décelant l'inex-périence des signataires, était néanmoins gaie. Pour cette raison et pour l'entrain de ses interprètes, on lui fit un accueil favorable, mais qui ne tirait pas à conséquence. La salle effectivement n'était qu'à moitié pleine et, en réponse à l'appel du directeur

qui voulait faire dans son foyer une exposition de
tableaux, aucune toile n'avait été envoyée. Paris
donc s'intéressait peu à la tentative dont la non-réus-
site sembla dès lors certaine.

19 septembre : *La Fourchette du voisin*, comédie en
1 acte, par Chaulieu et L. Battaille.

Draguignan	MM. Péricaud.
Bornichon.	A. Gaudin.
Sosthène	Chaudesaigues.
Mme Reginglard	Mmes E. Picard.
Madagascar	Largillière.

Draguignan n'a obtenu la main de Mlle Reginglard qu'en
persuadant à sa future belle-mère qu'aucune maîtresse ne
traversa son existence. La photographie décolletée d'une
certaine Cascarinette tombe par malheur entre les mains
de Mme Reginglard, à qui le fiancé soutient que c'est le
portrait d'une sœur morte dans un naufrage. Mais, sur le
même carré que Draguignan, habite un jeune homme qui
par inadvertance a avalé une fourchette et que tous les
médecins viennent interroger. Parmi ces curieux est Bornichon, époux de Madagascar qui fut aussi maîtresse de
Draguignan. Entre la belle-mère soupçonneuse, le docteur
jaloux et le futur ahuri se jouent alors des scènes inénarra-
bles. Pris pour l'homme à la fourchette, Draguignan
n'échappe au scalpel de Bornichon que pour être menacé
par ses pistolets. Madagascar, venue pour réclamer à
Draguignan une correspondance compromettante, sauve la
situation par son adresse, et le mariage un instant compromis se célèbre.

Un manuscrit nous a permis l'analyse de cette
farce, indigne des signataires et non publiée.

A la date du 24 septembre, le Théâtre Scribe, que dix-huit représentations avaient enrichi de 1.845 francs, faisait relâche pour répétitions générales d'*Hélène et Marcelle*, comédie en 4 actes, qui ne devait pas être jouée, car, le 28 du même mois, Noël Martin congédiait sa troupe de comédie pour lui substituer un personnel chantant. Il venait d'accepter les offres de capitalistes qui voyaient le succès dans l'opérette. La musique pourtant avait jadis échoué rue Scribe, mais l'Opéra nouveau venait d'être inauguré, et l'on pouvait croire que l'animation du quartier créerait des circonstances plus favorables. Cela se fût produit peut-être si la direction eût été audacieuse, son répertoire attrayant et sa troupe brillante ; mais les fonds alloués par les commanditaires mélomanes n'étaient pas suffisants pour autoriser le directeur à des mesures peu prudentes. Dans ces conditions, il n'était guère possible de lutter avec les rivalités établies ; on l'essaya pourtant, en escomptant l'espoir que donnait le très proche carnaval. Deux pièces servirent à cette expérience, tentée le 6 février 1875.

Un Accroc dans l'dos, opérette en 1 acte, par ***.

Isidore	MM. Duché.
Topinot	Bourdais.
Gervaise	Mmes Géraldine.
Mathurin	Demartelaere.
Louisette	Visto.

Ineptie qu'on ne laissa point achever et dont l'auteur, non nommé, devait être Paul Avenel.

La Belle Lina, opérette-bouffe en 3 actes, par Paul
Avenel et Paul Mahalin, musique de Charles Hubans.

Conrad.	MM. Noël Martin.
Albinus	Fage.
Foliemèche	Bourdais.
Melchior	Duché.
Robert.	Batte.
Otto	Mmes Girard.
Lina	Sichel.
Graziella	Géraldine.
Fanny	Visto.
Coraline	Vasselet.

Conrad, margrave ruiné, veut redorer son blason en faisant épouser la belle Lina, sa fille, par le prince Albinus.
Lina préfère au prince le joli page Otto, resté fidèle au margrave dans sa détresse. Le margrave est têtu et le page
n'entend pas se laisser enlever sa maîtresse. Donc s'engage
entre eux une lutte qui, après nombre d'incidents, se termine par la victoire traditionnelle de la jeunesse et de
l'amour.

Sur un livret bouffon, le compositeur avait écrit
une partition presque sérieuse ; ne sachant trop
quelle indication suivre, les artistes se préoccupè-
rent surtout de sauvegarder leur amour-propre. Les
dames, venues de l'Opéra-Comique, des Bouffes-
Parisiens ou du Conservatoire, y parvinrent mieux
que les messieurs sans voix en tête desquels le
directeur, reniant son passé dramatique, posait en
laruette. Le temps lui manqua pour se perfec-
tionner dans cet emploi, car, après six représentations qui produisirent 1.553 francs 50, le *Théâtre
Scribe* ferma définitivement.

Premier Théâtre

DE

L'ATHÉNÉE-COMIQUE

1876-1883

Rouvert le 27 mars 1875, sous le nom d'*Athénée*, pour les représentations accidentelles d'*Une Famille en 1870-1871*, comédie en 5 actes par J.-M. Cournier, donnée d'abord aux Matinées Ballande puis à l'Ambigu, et qui là, comme ailleurs, produisit aussi peu d'effet que d'argent, le théâtre de la rue Scribe clôtura de nouveau le 13 avril. Son contrôle et son vestibule devinrent alors la salle à manger de l'hôtel dont il dépendait. On songeait à utiliser pareillement la salle même, quand traita avec M. Bischoffsheim un locataire dont le passé offrait des garanties sérieuses : Montrouge.

Né en 1825, Louis-Emile Hesnard, dit Montrouge, successivement architecte, peintre et comédien, avait dirigé ou administré déjà, non sans bonheur, les Folies-Marigny, les Bouffes-Parisiens et le Châtelet. Son intention était de transporter, dans le quartier de l'Opéra, le genre qu'avaient applaudi les Champs-Elysées, c'est-à-dire les comédies gaies et les pièces à femmes. Des capitalistes, que les mésaventures passées n'effrayaient pas, le garantirent contre les premières éventualités, et il forma une troupe alerte, sinon fameuse, pour jouer l'œuvre initiale commandée à deux docteurs ès chansons. Relativement superstitieux, Montrouge exigeait des auteurs que les revues données chez lui eussent un B au moins dans leurs titres et réservait les vendredis aux premières représentations. C'est donc le vendredi 4 février 1876 que, restaurée, pimpante, rouvrit la cave-théâtre, baptisée cette fois *Athénée-Comique*.

De Bric et de Broc, revue en 4 actes, 10 tableaux, dont un prologue, par Clairville et Armand Liorat, musique de Louis Varney.

Flonflon	MM. Montrouge.
Le Mᶜ aux allumettes. . . .	
Le Cirque américain	
Verpillon, V'lan	Armand Ben.
Bernadille	
Boutciboutla	
Le Briquet à pierre.	Duvivier.
Le Chef de gare	
Blandureau, Taldé.	
Alfred Robino, Anatole . . .	Guerchet.
2ᵉ nageur, Vlamimir	
1ᵉʳ nageur, Roméo.	Lombart.
Aux-Giffles	

L'Amour platonique . . . . .
Le Capitaine . . . . . .   Mmes Juliette Darcourt.
La Boulangère . . . . . .
Bric et Broc, Nanida, Graziella.   Bade.
Verrotterie, Femme - médecin.
Anastasie . . . .   L. Denain.
La Gaudriole, Mme Benoist, Mine-
de-plomb, la Femme-canon, la   Moïna Clément.
Belle-Poule . . . . . .

Autres rôles par Mmes Marie Rohan, Rosa Blanche, Karl, Dorlia, Berthe Doriani, De Chantelle, Adrienne Mary, Johanna, Wilson, Nelly, Sireff, Saigne, Lucienne, B. de Mareuil, Eugénie.

A la fin d'une répétition, quelques danseuses de l'Opéra ont ouvert une porte donnant sur un souterrain dans lequel elles s'engagent par curiosité et qui les conduit sur la scène de l'Athénée où les rats, les toiles d'araignée, les champignons se développent en toute liberté. L'une d'elles, pour comble, sent tout à coup un piège mordre sa jambe ; aux cris qu'elle pousse, un homme vêtu d'une vieille houppelande, coiffé d'une calotte, apparaît et se nomme : c'est Flonflon, ancien régisseur de l'Athénée qui, n'ayant pas voulu abandonner son théâtre fermé, vit uniquement depuis dix mois des rongeurs qu'il peut y capturer. Le plus cher de ses rêves serait de rouvrir la jolie salle fermée, mais les capitaux lui manquent. Des capitaux ? la Gaîté gauloise, qui survient, les déclare inutiles, car un bon directeur ne doit compter que sur ses recettes. Mais, pour attirer le public, il faut savoir ce qu'il aime, et Flonflon n'est plus au courant des actualités. Qu'à cela ne tienne ! Des guides, mandés par la Gaîté et nommés la Folie, la Chanson, le Vaudeville, la Gaudriole, l'Opérette, s'offrent à le conduire l'un après l'autre à travers Paris : Flonflon choisit la Chanson pour commère et le voyage commence.

Très gaie, fourmillant de mots drôles et de cou-

plets mordants, cette revue, un peu tardive, sembla
la meilleure de celles qu'avait inspirées 1875. Le
directeur-acteur qui, sous l'apparence d'un pitre,
était bon comédien, conquit son nouveau public. A
la fin de la pièce, alléguant qu'il avait caché sa
frayeur sous une couche de fard : « N'allez pas
faire tomber *mon rouge !* » priait-il. Un succès
demandé par un calembour ne se pouvait refuser;
on le lui marchanda si peu que *De Bric et de Broc*
eut 110 représentations consécutives. Il faut dire
qu'aux côtés de l'entraînant compère manœuvraient
habilement des beautés féminines en tête desquelles
on retrouvait avec plaisir Juliette Darcourt,
ancienne étoile du Château-d'Eau, Mlle Bade, que les
Folies-Marigny, les Bouffes et le Châtelet avaient tour
à tour mise en vedette, Moïna Clément, ex-pen-
sionnaire des Champs-Elysées, Mlle Karl qui venait
du Palais-Royal, Mlle Dorlia, de Saint-Pétersbourg.

Le dimanche 23 avril se produisit, en matinée, une
tentative intéressante. Auteur de plusieurs actes suffisants pour établir, dans un petit cercle, sa réputation
de compositeur, Mme Pauline Thys-Sébault s'était
écrit à elle-même un libretto intitulé *le Mariage de
Tabarin*, sur lequel elle avait composé une partition
assez étendue, vingt-et-un morceaux distribués en
trois actes. Mme Pauline Thys pensait qu'une audition
préalable attirerait sur son œuvre l'attention d'un
théâtre lyrique ; mais la difficulté de faire apprendre trois actes pour une exécution unique lui inspira
l'idée de condenser sa pièce en un roman confié à un
lecteur qui, de temps en temps, s'interrompait pour

laisser les chanteurs opérer. L'innovation sembla
piquante, mais on eût préféré que Mme Thys fît lire
la pièce même, ce qui eût produit une impression
plus nette et plus décisive. L'orchestre était conduit
par M. Maton, et les chœurs sous la direction de
M. Raoul Pugno. Mlle Darcier, Mme Gally-Laro-
chelle, les ténors Devillien (Tabarin) Léon, le baryton Ludgers contribuèrent avec zèle au succès de la
partition, dans laquelle on remarqua plusieurs morceaux bien traités mais que, contrairement à l'espoir
de l'auteur, aucune scène ne demanda.

Un spectacle coupé succéda à la revue inaugurale
que deux bénéfices avaient seuls interrompue. Il servit aux débuts du comique Allart, applaudi déjà au
Théâtre Déjazet puis à l'Ambigu-Comique, et à l'entrée, rue Scribe, de Mme Montrouge (Marguerite-
Elisa Macé), retenue jusque là au Caire par un
engagement, et qui devint dès lors la meilleure
auxiliaire de son mari.

26 mai : reprise de *Cinq par jour*, folie-vaudeville en
1 acte, par William Busnach.

Canivet	MM. Armand Ben.
Brisemuche	Duvivier.
Anatole	Cléone (*début*).
Eucharis	Mmes Moïna Clément.
Anastasie	Doriani.
Louise	De Chantelle.

Reprise du *Dernier Romain*, tragédie lyrique et comique en 1 acte, en vers libres, par Eugène Moniot.

Lucullus . . . . MM. MONTROUGE.
Coriolan . . . . . .   ALLART (*début*).
Asinus. . . . .   DUVIVIER.
Luculla . . . . Mmes MACÉ-MONTROUGE.
Sabine. . . . .   L. DENAIN.

Reprise d'*En classe, Mesdemoiselles*! folie-vaudeville
en 1 acte, par Amédée de Jallais et Adolphe Dupeuty.

Boulaplat. . . . . . . MM. MONTROUGE.
César . . . .   ALLART.
Pierrot, Pierrette . . .   ARMAND BEN.
Catissou . . . . Mme MACÉ-MONTROUGE.

Autres rôles par Mmes Dorlia, Doriani, de Chantelle,
Marietta, Zina, Marguerita, Carling (*début*), Jeanne.

Ces trois actes, empruntés aux Folies-Marigny,
furent bien accueillis ; ils n'offraient pas toutefois
d'attraits assez grands pour neutraliser l'effet des
chaleurs. L'Athénée-Comique ferma donc le 5 juin,
et le couple Montrouge alla faire en Normandie une
excursion productive. Pendant cette clôture, la Pré-
fecture de police somma, au nom de la sécurité
publique, le directeur de rétablir l'entrée primitive
du théâtre, ce qu'il ne pouvait faire, ladite entrée
appartenant au propriétaire de l'hôtel qui refusait
de la céder. La discussion fut longue ; craignant de
succomber, Montrouge songeait à retourner dans la
petite salle des Champs-Elysées lorsque l'administration accepta un accommodement dont se réjouirent
les artistes, et, avec eux, le public enchanté de voir

subsister la scène heureusement désensorcelée. Elle rouvrit, le 26 septembre, avec l'ouvrage suivant :

Il signor Pulcinella, drame bouffon en 4 actes, par Léon Beauvallet et Marc Leprévost, musique de Louis Varney.

Polichinelle	MM. Montrouge.
Le Commissaire . . .	Lacombe (*début*).
Léandre	Allart.
Le Bourreau.	Oscar (*début*).
Cassandre	Duhamel (*début*).
Pantalon.	Thomas (*debut*).
Spotzaffer	Henry (*début*).
Tartaglia.	Braillet (*début*).
Mme Polichinelle . . .	Mmes Bade.
Maritorne	Betty (*début*).
Coraline.	De Chantelle.
Coviella	Dioni (*début*).
Zerbinette	Doriani.
Guingurgolo	Sarah (*début*).
Scapin	Carolia (*début*).
Un page.	Hortense (*début*).
Colombine	Denain.
Spavento.	Dorlia.
Arlequin.	Morini (*début*).
Isabelle	Duplessy (*début*).
Crispin	Carling.
Un page	Léonide (*début*).

Enfants de Polichinelle : MM. Leroy, Piteux, Batté (*débuts*), Mlles Brunet, Braillet, Camille, Louise (*débuts*).

Ce n'était pas une nouveauté, mais la version modifiée du *Polichinelle* des mêmes auteurs, joué précédemment au théâtre Déjazet puis aux Variétés, et où la musique de Louis Varney, chef d'orchestre du lieu, remplaçait celle d'Eugène Déjazet. En dépit des changements faits et de l'entrain des nombreux artistes, cette fantaisie trop prétentieuse ne dura que péniblement.

1ᵉʳ octobre : *Le Papillon du Marais*, comédie en 1 acte, mêlée de chant, par Léon et Frantz Beauvallet.

Jocelynet	MM. Oscar.
Lanfrougnat	Henry.
Mme Jocelynet.	Mmes Dorlia.
Clapotte	Dioni.

Très réservé avec sa femme, le rentier Jocelynet l'est beaucoup moins avec les jeunesses du quartier qu'il habite. Ses galanteries nombreuses l'ont fait surnommer le Papillon du Marais. Sa bonne elle-même, Clapotte, n'est pas sans lui donner des tentations auxquelles il ne demande qu'à succomber. Mais Clapotte, qui préfère à son vieux maître le jeune pharmacien Lanfrougnat, s'entend avec Mme Jocelynet pour mystifier le volage. Elle feint donc d'accepter un rendez-vous nocturne ; à la faveur de l'obscurité, la rentière se substitue à sa bonne : par malheur, ce n'est pas Jocelynet qu'elle trouve mais Lanfrougnat qui, par jalousie, a pénétré à l'aide d'une échelle dans l'appartement. Pendant ce temps, le rentier subit, sur un balcon, le plus violent orage. On s'explique ensuite : Lanfrougnat épousera Clapotte ; quant à Jocelynet il fait amende honorable ; c'est aux beaux yeux de sa moitié que le Papillon du Marais brûlera désormais ses ailes.

Donnée vieillotte, traitée médiocrement : demi-succès.

i3 novembre : *La Fille du clown*, vaudeville en 2 actes, par Alfred Duru et Hippolyte Raymond.

Plumachon	MM. Montrouge.
Brockambull	Lacombe.
Garembuche	Allart.
Sir Edgard Tickleton . .	Duhamel.
Montmerlin.	Oscar.
Jackson	Thomas.
Un huissier.	Henry.
Ludovic	Batté.
Miss Arabelle	Mmes Elmire Paurelle (*début*).
Anna	De Chantelle.
Léonie	H. Darc (*début*).

Accusé par le clown Brockambull d'avoir séduit sa fille Arabelle, le français Plumachon comparaît devant le tribunal londonien de Divorce-Court, qui le condamne à épouser sa victime ou à lui payer 5.ooo livres sterling de dédommagement. N'ayant point cette somme il se décide, après huit jours de prison, à être le mari d'Arabelle, mais, la cérémonie terminée, il s'empresse de revenir à Paris où l'attend une fiancée, Léonie Montmerlin. Son contrat avec cette dernière va se signer quand Brockambull, engagé au Cirque de Paris, retrouve ses traces et envahit son domicile en compagnie d'Arabelle et de tous ses camarades du manège.

Le problème est alors, pour Plumachon, d'empêcher les Anglais de rencontrer les Montmerlin. Il n'y parvient qu'au moyen de trucs plus invraisemblables les uns que les autres. Aussi la chose finit-elle mal pour lui ; Montmerlin, renseigné par Brockambull, reprend sa parole et donne Léonie au clerc de notaire Garembuche, tandis qu'Arabelle, dont il s'accommoderait volontiers, le renie pour devenir l'épouse de sir Edgard Tickleton, président de Divorce-Court.

Imité d'un divertissement qui avait fait *florès* à

Londres quelques années auparavant, cet ouvrage, bien joué, amusa aussi le public parisien. On riait beaucoup lorsque le juge demandant à Arabelle quelle danse lui apprenait Plumachon, son séducteur, la jeune miss exécutait devant la cour stupéfaite un cancan effréné.

13 novembre : *Ma cousine Octavie*, comédie en 1 acte, par Charles Garand.

Cyprien	. . . .	MM. ALLART.
Jules	. . . .	DUHAMEL.
Mallu	. . . .	THOMAS.
Octavie	. . . . . .	Mme MACÉ-MONTROUGE.

Cyprien habite au-dessus d'un propriétaire dont il doit devenir le gendre. Il va se mettre au lit quand une femme pénètre brusquement dans son *home* : c'est sa cousine Octavie, qu'il faillit jadis épouser et qui persiste à lui vouloir du bien. Que vient-elle faire ? L'enlever simplement. Fatiguée de son mari, elle veut fuir le toit conjugal et a choisi Cyprien pour compagnon de route. Le jeune homme hésite, puis va refuser, quand on frappe à sa porte. — « C'est mon époux, je suis perdue, s'écrie la dame, car il a trouvé la lettre que j'ai laissée à son adresse sur la table de nuit ! » — Supposition fausse, le mari sort du cercle où il a perdu beaucoup d'argent, et, comme son cousin habite à côté, il vient lui emprunter des fonds. Cyprien tire 1.500 francs de sa caisse, le mari retourne jouer, et Octavie regagne le domicile imprudemment quitté, non sans signifier au tiède cousin un définitif adieu. Mais le bruit fait par elle a scandalisé le propriétaire qui, à son tour, congédie Cyprien : de deux femmes le pauvre garçon n'en a plus une seule.

Il y avait des détails plaisants dans cette piécette qui réussit, mais que nul libraire n'édita.

27 novembre : *Tous toqués !* folie-vaudeville en 1 acte, par Félix Savard et Emile Durafour.

Balandeau	. . . . . .	MM. Oscar.
Eusèbe .	. . . .	Henry.
Ignace .	. . . .	Thomas.
Georgette .	. . . .	Mlle Liona.

Balandeau a fondé une maison de santé pour les détraqués. Tout son art consiste à les traiter par la gaîté. Il a pris pour enseigne : *Au rendez-vous des folichons*, et ses malades trouvent chez lui des distractions à douche que veux-tu. On sonne, c'est un client ; du moins Balandeau prend pour tel le nouveau venu qui n'est autre qu'Eusèbe, le fiancé de sa fille Georgette, qu'on lui expédie de province. Georgette, qui ne connait pas non plus son futur, retrouve dans le soi-disant aliéné un jeune homme qui lui a naguère sauvé la vie et qu'elle a juré d'épouser. Elle le croit fou, bien entendu, et lui, la voyant dans cette maison, s'imagine aussi que la pauvre petite a perdu la raison. Le méli-mélo s'accentue jusqu'à ce que la vérité se découvre et que le traditionnel mariage ait lieu.

Imbroglio mené avec adresse et que des rires récompensèrent.

31 décembre : *Boum ! voilà !* revue en 4 actes, 10 tableaux, dont un prologue, par Clairville et Armand Liorat.

Flonflon	MM. MONTROUGE.
Valentin, Le Roi . . . . . . }	LACOMBE.
René de Lérins. . . . . . . }	
Chalamel, l'Amant d'Amanda . . }	ALLART.
Siegfried, Protêt . . . . . . }	
Beaubichard	OSCAR.
John Black, Bertram. . . . . }	DUHAMEL.
Hugen, Aminta . . . . . . }	
Ravageon, 1er acteur, Un recenseur, }	THOMAS.
l'Ami Fritz . . . . }	
La Scie, Mme Beaubichard, la Com- }	Mmes MACÉ-MONTROUGE.
tesse de Lérins . . . . . }	
Un gommeux, la Chanson . . .	ROSE BLANCHE.
Une déesse, Rose, Une dame . . }	GEOFFROY (début).
Kosiki . . . . }	
Mme Chalamel, Henriette . . . }	DE CHANTELLE.
Zambara, Régaillette. . . . . }	
Le Gagne-Petit, Brunehilde . . . }	DIONI.
Francine. . . . . }	

Autres rôles par MM. Henry, Chopp (début), Batté.
Mmes Valpré (début), Sarah, Jeanne Le Duc (début), Liona
Cellié (début), Carling, Carolia, Clet, Seigneury, Darthez
(début), Léontine, Léonide.

Le prologue se joue dans la salle à manger de l'hôtel de
l'Athénée. Flonflon y expose l'embarras où le met l'obligation
qui lui est faite de rouvrir la porte par où jadis les spectateurs entraient dans son théâtre et dont le maître d'hôtel
s'est emparé. Dans l'espoir de trouver un moyen pour renvoyer les voyageurs, il s'est déguisé en garçon de café, mais
cette ruse puérile ne lui apporte aucun secours. — « Ah !
s'écrie-t-il avec découragement, si j'avais la baguette des
fées ! » — Ce qu'entendant, un jeune gommeux l'interroge
sur l'usage qu'il en ferait et, sur sa réponse, lui tend une
canne avec laquelle le directeur, sans croire un miracle possible, commande au Destin d'établir pour sa salle une
entrée nouvelle. O surprise ! le changement s'exécute, tandis

que le gommeux apparaît avec tous les attributs de la Chanson. C'est, en effet, l'ancienne commère de Flonflon qui, sur son conseil, abandonne la pastorale mythologique qu'il faisait répéter pour la suivre encore dans Paris et saisir au passage les inventions et les ridicules.

Trois scènes surtout assurèrent le succès de cette seconde revue, jugée pourtant moins bonne que la première : celle du public persécuté par la scie de *l'Amant d'Amanda*, le tableau du Hammam pour femmes et la parodie tapageuse d'un opéra wagnérien représenté quelques mois plus tôt à Bayreuth. Le couple directorial conduisait la chose avec une adresse extrême. Lui, constamment en scène, avait l'œil à tout, rentrant dans les coulisses les meubles oubliés au moment d'un changement de décors, poussant du pied le trapillon qui ne fonctionnait pas pour un changement de costume, rassurant par un mot la pensionnaire troublée, abrégeant par un calembour la scène qui menaçait de lasser le public. Elle, verveuse, disant bien, chantant mieux, à la réplique toujours, et ne manquant jamais l'occasion de dénouer les très beaux cheveux dont la nature l'avait douée en compensation d'une figure chevaline, d'une bouche trop grande, d'un regard dur et saillant. Excellentes gens, d'ailleurs, qu'adoraient les artistes dont ils s'étaient fait une famille intelligemment dévouée. 105 représentations de *Boum, voilà !* prouvèrent que, grâce aux Montrouge, l'Athénée, jadis tant raillé, prospérait de façon à rendre envieux maint grand théâtre.

13 avril 1877 : *L'Héritage de ma tante,* comédie-vaudeville en 1 acte, par Félix Savard.

De Grandpré . . . . MM. Génot (*début*).
Alcindor . . . .   Chopp.
Picquoiseau . . . . . .   Thomas.
Jeanne . . . . Mlle Dioni.

Raymond de Grandpré doit pendant une année résider
dans un vieux château, sous peine de voir passer l'héritage
d'une tante aux mains de sa cousine Jeanne de Villedieu. A
bout de patience, il ne trouve rien de mieux, pour se procurer des hôtes, que d'aller attaquer les passants sur la route ;
et voilà qu'il ramène au manoir une jeune fille et un paysan.
Effroi des voyageurs, qui cesse bientôt, car Raymond recon
naît dans la demoiselle sa cousine Jeanne et l'épouse.

Agréable piécette, bien rendue, qui eut un petit
succès. — *Non imprimée.*

13 avril : *La Goguette*, comédie-vaudeville en 3 actes
par Hippolyte Raymond et Paul Burani, musique d'Antonin Louis.

Jobinet . . . . . MM. Montrouge.
Flitermann . . .   Lacombe.
Jean Bischoff . . .   Allart.
Rabastoul . . . .   Duhamel.
Joseph Dindard . .   Henry.
Dindard père . .   Oscar.
Gabouliche . . .   Thomas.
Arsène Jobinet . . Mmes Macé-Montrouge.
Clara . . . . .   Liona Cellié.
Fifine . . . . .   Jeanne Leduc.
Nichette . . . .   Darthez.
Zoé . . . . . .   Blanche Delaunay (*début*).
Camille . . . .   Malvina (*début*).
Paméla . . . .   Léonide.
Claudine . . . .   Carling.

L'action se passe en 1822. Théodule Jobinet, tanneur de son état, préside entre temps la goguette des *Enfants d'Epicure*, qui tient ses séances dans un restaurant de banlieue. Jobinet eut, vingt ans auparavant, une scabreuse aventure. Le lendemain de la bataille de Zurich, en houzard qu'il était, il s'est nuitamment introduit dans la chambre d'une petite fermière de Kussnacht, Catherine Bischoff, et l'a déshonorée. Parti le lendemain, il ignore qu'à la suite de cet événement le fiancé de Catherine a rompu avec elle et que la pauvrette est devenue mère. Les goguettiers préparent, au lever du rideau, une séance au cours de laquelle on doit initier le cent-suisse Flitermann et élire secrétaire le jeune Jean Bischoff. Or Flitermann n'est autre que l'ancien fiancé de Catherine, et Jean le fils né d'elle : tous deux cherchent en France l'ancien houzard qu'ils savent tatoué sur l'épaule gauche d'un sapeur magnifique. Cependant la goguette a lieu ; Flitermann, qui est gris, est admis comme simple adhérent ; Arsène, sœur de Jobinet, devient sociétaire définitive et Bischoff se voit investir des fonctions qu'il postule pour captiver les bonnes grâces du tanneur dont il aime la filleule, Clara. Mais, tandis que Bischoff apprend par hasard que Jobinet et son ami Rabastoul sont tous deux ornés d'un tatouage, Jobinet, à divers indices, croit découvrir en Bischoff et en Flitermann deux agents chargés d'espionner la société lyrique. Sans hésiter on les baillonne et on les ficelle sur des bancs, pendant que tous les Enfants d'Epicure s'esquivent. Détachés, les deux suisses poursuivent Jobinet et Rabastoul dans l'atelier de blanchisseuses que tient à Saint-Cloud la vibrante Arsène, puis dans l'hôtel meublé de Dindard, dont le fils aspire à la main de Clara. Toute la difficulté consiste à savoir lequel des deux goguettiers possède un sapeur sur l'épaule ; une blessure que Jobinet reçoit, en sautant par une fenêtre pour les fuir, fournit enfin aux poursuivants, déguisés en médecins, le moyen de voir le fameux tatouage. Heureux de n'avoir rien àdémêler avec la police de Charles X, Jobinet embrasse son fils Jean qu'il unit à Clara ; quant à Flitermann, il épouse

Arsène avec qui il avait correspondu, dans *les Petites-Affiches*, sous le nom de Flamme-Pure.

Nombre de situations burlesques et de saillies gaies distinguaient cet ouvrage encadré dans de beaux décors, et qui tint l'affiche jusqu'à la clôture annuelle (11 juin). On ne l'imprima néanmoins que lors de la reprise qu'en firent, quatorze ans plus tard, les Folies-Dramatiques.

14 septembre : *Un homme fort, s. v. p. ?*, vaudeville en 1 acte, par Richard O'Monroy (Richard de Saint-Geniès).

Alcide.	MM. Duhamel.
Cesarius	Donval (*début*).
Réglenbois	Oscar.
Virgile	Numès (*début*).
Auguste	Poldick (*début*).
Iphigénie	Mlle Carling.

Dans une auberge située à trois kilomètres de Montélimart, Réglenbois, doyen de la faculté, attend Virgile, professeur de latin dont il rêve de faire son gendre. De son côté Césarius, directeur de cirque, doit recevoir, pour l'examiner, l'hercule Alcide dont on lui a dit merveille. Comme de raison, le saltimbanque Alcide s'adresse au professeur et répond à ses questions par des effets de torse, une marche sur les mains et autres tours de son métier. De son côté Jean Virgile, qu'on adresse à Césarius, n'est trouvé digne que de faire l'ours dans la fameuse scène de *l'Ours et la Sentinelle*. Mais l'erreur se dissipe : Césarius, enchanté d'Alcide, l'engage comme athlète, et Réglenbois emmène Virgile qui, par chance, est épris déjà de l'Iphigénie que son doyen lui destine.

Bluette légère mais bien traitée, qui obtint un succès de rire.

14 septembre : *Le Coucou*, comédie en 3 actes, par Hippolyte Raymond et Alphonse Dumas.

Muzinard	MM.	Montrouge.
Rastagnol		Duhamel.
Falibourde		Allart.
Gifflambert.		Lacombe.
Cubochet		Numès.
Rotibourg		Poldick.
Badiveau		Donval.
Ophélie	Mmes	Macé-Montrouge.
Clorinde.		Liona Cellié.
Sophie		Ribell (*début*).
Francine.		Lydie (*début*).

Sous ce titre : *Le Coucou*, cinq bourgeois de Paris ont fondé une société d'assurances mutuelles contre l'infidélité des femmes. Chaque adhérent s'oblige à surveiller non seulement sa propre épouse mais encore celles des autres, et à déjouer les entreprises des séducteurs. En dépit des précautions prises, trois des sociétaires, Gifflambert, Cubochet et Rotibourg ont été déjà la proie du monstre que Balzac appelait le Minotaure. Mais le président Muzinard et son ami Rastagnol se flattent de lui avoir échappé. Muzinard pourtant est trahi déjà au profit du jeune Falibourde, qu'il a imprudemment introduit chez lui, lequel Falibourde, fatigué des scènes que lui fait Mme Muzinard, la quitte bientôt pour s'attaquer à Mme Rastagnol. Déguisés en garçons de restaurant, les deux maris finissent par surprendre leurs femmes en partie fine, dans un cabinet du Moulin-Rouge. Le piquant de l'aventure, c'est qu'ils se croient respectivement sauvés. — « Pauvre Muzinard ! » pense Rastagnol. — « Pauvre Rastagnol ! » soupire Muzinard. Mais Gifflambert, mieux renseigné, peut résumer ainsi le sort des membres du *Coucou* : « Tous... fst !... rasés ! ».

Cette comédie un peu risquée avait été donnée le 29 août 1874 au Théâtre de la Tour d'Auvergne, sous le titre des *Petits-Fils de Ménélas* ; elle remporta à l'Athénée un succès justifié par des scènes amusantes, que jouaient avec entrain les principaux sujets.

28 décembre : *Les Boniments de l'année*, revue en 4 actes et 10 tableaux, dont un prologue, par William Busnach et Paul Burani, musique d'Antonin Louis et Lonati.

Bobèche	MM. Montrouge.
Un marin, Alfred, Guillaume Tell	Lacombe.
Amilcar, Léon, Gontran, Hernani	Allart.
Un postillon, Malenflé . . .	Oscar.
Castorin, 1er ouvrier, Vieux Gaz, Pétillon, Dégommez .	Numès.
Polyte, Raoul, Jean Renaud .	Donval.
Stanislas, 2e ouvrier, Edgard.	Chopp.
Le Théâtre Saint-Denis . .	Petit Antonin.
Gervaise, l'Avaleuse de sabre. Armandine, Dona Sol . .	Mmes Macé-Montrouge.
Virginie, L'Exposition, Collodion	Bade.
La Parade, La Fleur, La Tzigane	Armande Morel (*début*).
Paméla, Edwige, Parahiba, Hortensia	De Chantelle.

La Gaîté, Koukouli, Adrienne.	Mmes Van Dyck (*début*).
Coq-à-l'âne, Validé, Nouveau Gaz, Pardailhan	Lablache (*début*).
Le Journal bleu, Bébé de Sèvres, Mercédès	B. Delaunay.
Clémence	Ribell.
La Cocotte, Aglaé, La Cigale.	Alice Lavigne (*début*).

Autres rôles par Mmes Fernandez, Doriani, Destrées, Léonide, Valérie, Lydie et Floreska.

C'est à la Foire au pain d'épice que se passe le prologue. La concurrence y est grande, acharnée. Pour la soutenir Amilcar, patron d'une baraque dramatique, émet l'idée de monter une revue qu'il vient de composer lui-même. Après quelque résistance, son projet est admis et l'on cherche à qui confier l'indispensable rôle du compère. La Parade, survenant, conseille de l'offrir à Bobèche, vétéran des foires. Bobèche est vieux, éteint, mais la Parade le rajeunit, lui donne pour escorte la Gaîté, la Fantaisie, le Refrain, le Coq-à-l'âne, et la revue commence.

Elle était amusante et contenait, entre autres scènes réussies, un épisode de *l'Assommoir*, livre récent, l'inauguration musicale d'un grand magasin de nouveautés, une parodie d'*Hernani*, repris à la Comédie-Française, enfin des imitations spirituellement faites. Bien jouée, en outre, elle obtint un succès qu'interrompit tristement, vers la fin du moi de mars 1878, la mort du fils des époux Montrouge. On dut reprendre, pour quelques jours, *le Coucou* où Mᴸᴸᵉ Van Dyck tint avec talent le rôle d'Ophélie, en attendant une nouvelle œuvre des jeunes auteurs que l'Athénée avait révélés au public.

5 avril : *Les Filles du Doge*, opéra-comique en 1 acte, par Ernest Boisse, musique de Gabriel (Docteur Cusco).

Caprioli	MM. NUMÈS.
Le Chevalier	ABEL.
Briskoff.	CHOPP.
Florinde	Mmes ARMANDE MOREL.
La Comtesse	LABLACHE.
Lucette.	DORIANI.

Prétentieuse chose, sombrée sous des rires moqueurs. — Non publiée et sans analyse.

5 avril : *Le Cabinet Piperlin*, comédie-bouffe en 3 actes, par Hippolyte Raymond et Paul Burani.

Piperlin	MM. MONTROUGE.
Berlingard	LACOMBE.
Dardinel	ALLART.
Vétiver	DUHAMEL.
Roussignac	ABEL (*début*).
Colombe	Mmes MACÉ-MONTROUGE.
Zénaïde	ELMIRE PAURELLE.
Anita	VAN DYCK.
Céline.	DORIANI.
Léonard	CROIZINE (*début*).
Dorothée	DE CHANTELLE.

Agent matrimonial, Piperlin garantit pendant deux ans la fidélité des femmes qu'il marie, avec prime en cas d'accident. Or, depuis vingt-trois mois il a uni certaine Colombe à Berlingard, entrepreneur de démolitions, lorsque cette Colombe, mécontente de l'époux trop insuffisant qu'on lui a donné, vient signifier qu'elle annule sa promesse. Le cas

est grave pour Piperlin, qui a stipulé par contrat une indem-
nité de 40.000 francs ; aussi emploie-t-il toute son ingé-
niosité pour empêcher, jusqu'à l'échéance de la garantie,
la chute de Mme Berlingard. Celle-ci est amoureuse de Dardinel, peintre impressionniste qui, insulté par Berlingard,
ne demande pas mieux que d'accepter la vengeance offerte
par sa femme. Piperlin a donc fort à faire pour empêcher
leurs rendez-vous. Ses ruses ont réussi lorsque Colombe, à
bout de force, quitte le domicile conjugal après envoi d'une
lettre d'adieux. L'écrit est, par bonheur, à double sens :
Berlingard y voit l'annonce d'un suicide et, pris de remords,
devient plus tendre avec Colombe qu'il emmènera pendant
un mois en Italie. Lorsque les époux reviendront, les
40.000 francs ne seront plus exigibles ; on comprend bien
que ce voyage enchante Piperlin qui, pour plus de sûreté,
marie Dardinel à une ancienne maîtresse.

Les épisodes bouffons, traités avec autant de brio
que d'humour, étaient accumulés dans ce cadre de
fantaisie. Mené gaîment par les artistes, l'ouvrage
recueillit des applaudissements qui, tant avant
qu'après la clôture (opérée du 30 juin au 30 août),
se répétèrent pendant 216 représentations.

Débarrassé de son surnom de *Cave aux fours*, le
théâtre de la rue Scribe avait donc, en trois ans,
conquis un rang parmi les scènes parisiennes. Sa
situation financière n'était pas moins bonne, car les
actionnaires touchaient couramment huit pour cent
de leurs capitaux, ce dont ils remerciaient, à chaque
assemblée générale, l'habile administrateur par des
votes de confiance.

1ᵉʳ novembre : *Le Déjeuner de Lise*, vaudeville en
1 acte, par Félix Savard et Emile Durafour, musique
d'Edmond Lonati.

Caudebec . . . . . . MM. Victor Gay (*début*).
Gilbert. . . . . . .   Chopp.
Lise. . . . . Mlle Doriani.

Peintre des moius connus, Gilbert, devant trois termes à son propriétaire Caudebec, a vu saisir ses meubles et ne sait comment subsister lorsque Lise, sa maîtresse, lui suggère l'idée d'attirer dans son atelier Caudebec pour obtenir par ruse au moins quelque répit. La chose s'exécute d'autant plus facilement que le propriétaire a conçu pour Lise une passion violente. Il accepte donc sans défiance le déjeuner auquel la grisette le convie. Dans l'atelier, comme de juste, on le berne, on le martyrise, on l'effraie au point que, pour éviter le scandale dont il est menacé, il donne quittance des trois termes qui lui sont dus.

Lever de rideau où le mouvement tenait lieu d'esprit, mais qu'on reçut avec indulgence.

10 janvier 1879 : *Babel-Revue*, revue en 4 actes et 11 tableaux, précédée de *l'Esprit en bouteilles*, prologue en 2 tableaux, par Paul Burani et Edouard Philippe.

Tokio . . . . MM. Montrouge.
Dupiton. . . . .   Lacombe.
Xicoca, L'Invalide, Un avocat .   Allart.
Kon-Konble, Un Lapon. . . .   Duhamel.
Kagami, Lux, Marceau. . . .   Roucoux (*début*).
Dutuyau, Un chef de claque . .   Victor Gay.
Négelé, Garçon de recette, Po-
  lyeucte . . . .   Chopp.
Victoire, Babel, Andrée de Rèche-
  Nature, Juliette . . . . . . Mmes Macé-Montrouge.

Iéna, La Loterie nationale, Eléo-nor, Roméo.	Mmes BADE.
Le Guide Parisien	LIONA CELLIÉ.
Dodo, Jaguarita, Mélania, Nini-che	DE CHANTELLE.
Saïnara, Ivanowa, l'Aquarium, la Russe, les Folies-Dramatiques.	ROLLA (*début*).
La Lyre, le Bois de Vincennes, le Tour du Monde.	ALICE LAVIGNE.

Autres rôles par Mmes Delaunay, Doriani, Dioni, Van Dyck, Lucile, Doyon, Marcelle, Augusta, Bryat, Gondat, Jager (*début*), Blanche Mika, Lucie Mika, Nina.

Ayant, par des procédés savants, transformé en jolies femmes quatre papillons, Tokio reçoit pour récompense un firman du Mikado qui le nomme historiographe du Japon à l'Exposition de Paris. Il la vient explorer avec l'aide du Guide Parisien, puis retourne dans son pays pour rendre compte de sa mission et présenter au souverain les plus jolis produits de l'année 1878.

Encadrés dans une mise en scène luxueuse, ces tableaux spirituels mirent en joie le public. Il fêta surtout le compère, sa femme très en verve, Mᶫᶫᵉˢ Bade. et Alice Lavigne, excellente comique que ses rôles signalèrent à la direction du Palais-Royal qui l'enleva à Montrouge.

10 avril : *Lequel ?* comédie-bouffe en 3 actes, par Armand Chaulieu et Henri Feugère.

Piédepore	MM. MONTROUGE.
Mouchamiel	LACOMBE.
Moulavert	ALLART.

Romanèche	. . . .	MM. Roucoux.
Plumedoie	. . . . .	Chopp.
Mme Dugroschoux	. .	Forestier (*début*).
Un invité	. . . . .	Batté.
Agathe	. . . . . .	Mmes Macé-Montrouge.
Herminie	. . . . .	Dioni.
Justine	. . . . . .	Jager.

Agathe Piédepore, beauté de trente-deux ans suffisamment dotée, va épouser le sieur Romanèche pour lequel elle n'éprouve qu'une médiocre sympathie. Son cœur appartient au nommé Moulavert qui, cinq mois auparavant, la conduisit pour le bon motif à la même mairie. Mais, au moment de prononcer le *oui* décisif, Moulavert, pris d'un éternuement prolongé, a tenté vainement de répondre au maire, et celui-ci, croyant à une mauvaise plaisanterie, a levé la séance Depuis cet événement Moulavert, flâneur par nature, passe son temps à la mairie et sert de témoin à tous ceux qui réclament son obligeance. Reconnu par Piédepore, charcutier et oncle d'Agathe qui, fraîchement débarqué de Sainte-Ménéhould, croit à la reprise de la cérémonie interrompue jadis par l'éternuement, Moulavert, à la demande de Romanèche, offre son bras à son ancienne fiancée et la conduit dans la salle des mariages. En agissant ainsi, Romanèche a pour but d'éviter Piédepore qu'il a, dans le chemin de fer, injurié et menacé de sa botte. La cérémonie commence et le maire qui, lui aussi, a reconnu l'enrhumé d'antan, se trompe et marie Moulavert avec Mlle Piédepore Pour comble d'infortune, Romanèche a abandonné quelque part une jeune fille dont il a eu un enfant, que le père de la malheureuse vient déposer dans la corbeille de mariage. Romanèche et Moulavert, qui tous deux prétendent être l'époux d'Agathe, attribuent le poupon à leur femme, mais, la dot aidant, ils acceptent le survenant. Agathe, pourtant se désespère ; avoir deux maris, c'est comme si elle n'en avait pas. Elle va passer la nuit dans sa chambre de jeune fille et Piédepore, fatigué, prend possession du lit nuptial.

Il sommeille quand la porte s'ouvre ; Moulavert puis Romanèche, qui veulent jouir de leurs droits, entrent à pas de
loup. Moulavert s'égare dans l'appartement, mais Romanèche se déshabille et, persuadé que le lit est occupé par Agathe, il s'y glisse. Réveil de Piédepore qui, reconnaissant
l'homme du chemin de fer, l'accable de coups. Une démarche à la mairie débrouille le chaos ; Moulavert, confirmé
dans son titre, embrasse Agathe réjouie ; Romanèche
épousera la fille qu'il a séduite.

Créée aux Bouffes-du-Nord le 20 octobre 1877,
sous le titre du *Supplice de Mme Tantale*, cette
pièce avait subi des modifications adroites ; elle
était vive, bien troussée, et fourmillait de ces plaisanteries grasses dont, par faveur, se délectaient les
spectateurs de l'Athénée. Car la censure avait pour
ce théâtre une indulgence particulière ; elle savait
que son public ne s'effarouchait pas, et fermait les
yeux sur des audaces qu'elle eût, ailleurs, nettement
interdites. *Lequel ?* se joua 114 fois, sans qu'on
l'éditât sous sa nouvelle forme.

17 mai : *La Bosse du vol*, comédie-vaudeville en 1 acte,
par Albert Carré, Armand Chaulieu et Henri Feugère

Gobinard	MM. Victor Gay.
Alcibiade	Chopp.
Léontine	Mmes Lablache.
Catherine.	De Chantelle.

Le rentier Gobinard, phrénologue enragé, vient d'examiner le crâne de sa femme endormie et d'y découvrir la bosse
du vol. Or la caisse d'un notaire, son voisin, a été allégée

de 5o.ooo francs par la bande des Cravates-Rouges à laquelle
on soupçonne une femme du monde d'être affiliée ; plus de
doute, Léontine, qu'il a vue se promener la nuit dans le jardin, est complice des cambrioleurs. Mme Gobinard, irrépro-
chable au point de vue de la probité, l'est beaucoup moins
à celui des mœurs, car elle trompe son mari avec un sieur
Alcibiade Duperron, en compagnie duquel elle entend volontiers chanter le rossignol. Alcibiade, agent d'assurances,
s'est mis dans la tête d'avoir pour client Gobinard, jusque là
rebelle aux sollicitations des compagnies. Il se présente
chez lui et y rencontre d'abord Léontine, dont il ignorait
l'état civil et qui le conjure de fuir. Résistant à ses prières,
il se fait annoncer au rentier qui, sur son titre d'agent, le
prend pour un homme envoyé à fin d'enquête sur les Cravates-Rouges. Désireux d'éviter la prison à sa femme, il
consent à verser les 2.5oo francs que demande Alcibiade, et
apprend alors que celui-ci vient de l'assurer sur la vie et
que les voleurs n'ont jamais existé que dans son imagination.
Mais le caractère de l'agent lui a plu, et il l'invite à passer
quelques jours chez lui lorsqu'Alcibiade, feignant d'être dis-
ciple de Lavater, a affirmé que les sorties nocturnes de
Léontine sont l'indice d'une maternité prochaine.

Acte médiocre, suffisant juste pour accompagner
le succès dû aux mêmes auteurs et qui, interrompu
le 1er juillet, reprit de plus belle le 13 septembre.

24 octobre : *Monsieur ?* comédie-bouffe en 3 actes,
par Armand Silvestre et Paul Burani.

Vercantin	MM. Montrouge.
Jephté.	Allart.
Bignolet	Duhamel.
De Saint-Nitou	Howey (*début*).
Perceveau	Roucoux.
Pont-de-Seine	Victor Gay.

Véturie	Mᵐᵉˢ Macé-Montrouge.
Olympe	Bade.
Angèle	Judith (*début*).
Virginie	De Chantelle.
Yvonne	De Gournay (*début*).

Dans le vocabulaire galant, *Monsieur* désigne le protecteur en titre, celui qui paie ; il est ordinairement vieux, mais ici c'est un homme de trente-cinq ans, nouvellement marié, ennuyeux et avare, tandis que l'amant de cœur est un viveur sur le retour, généreux et gai. Pour comble, Saint-Nitou, le premier, est le gendre du second, Vercantin. Ce dernier, pour sauver les apparences, habite chez sa fille, mais il a un domicile légal rue Marsollier, où il ne met jamais les pieds, ce que voyant, le concierge Bignolet sous-loue ce local à Saint-Nitou lui-même. En voulant s'éviter, le beau-père et le gendre se rencontrent donc fatalement, au Bas-Meudon d'abord, où Mme Vercantin veut faire pincer par l'huissier Jephté son mari avec l'impure Octavie, et où Vercantin, prévenu par hasard, se déguise en nègre pour empêcher Monsieur de jouir du plaisir rêvé, puis rue Marsollier où, tout en contrariant son gendre, le viveur trouve moyen de préserver le bonheur de sa fille. Finalement Saint-Nitou renonce aux aventures, Vercantin, pour être seul aimé d'Octavie, se sépare de sa femme, et celle-ci passe avec désinvolture dans les bras de Jephté.

Plus égrillarde encore que les précédentes, cette pièce fut houspillée par les journaux, mais le public, peu pudibond, n'accueillit pas moins avec de grands rires les quiproquos dont elle était semée et les acteurs qui, comme toujours, montraient un irrésistible entrain.

13 février 1880 : *Bric-à-Brac*, revue en 4 actes et 10 tableaux, par Hector Monréal et Félix Savard avec Paul Burani).

Bric-à-Brac	MM. Montrouge.
Joseph, Un avocat, Tout-Miel	Allart.
Le Ballon captif, la Mère Bidard, Anatole, Rabat-Joie .	Duhamel.
Le Ramoneur, Georges . .	Howey.
Un vieux noble.	Forestier.
Le Naturaliste, Un espagnol.	Roucoux.
Le Théâtre Italien, le Marquis Laviolette, Un voyageur .	Donval.
Un bourgeois	V. Gay.
Zidou, Un espagnol . . .	Gayton (début).
Un ouvrier, Un espagnol. .	Chopp.
Un espagnol	Batté.
La Comtesse, Mme Mouiliard, la Pièce militaire. . . .	Mmes Berthe Legrand (début).
L'Asile de nuit, Nana, Paris-Murcie, Cornaline . . .	Bade.
La Commère.	Rose Mignon (début).
Le Téléphone, l'Elève garde-malade, Lequel ? . . .	De Chantelle.
Le Comble, le Globe, Nounou	Delaunay.
Gavroche, Une nourrice . .	De Gournay.
La Revue, la Pièce italienne, la Marquise	Aubry (début).

Autres rôles par Mmes Fleury, B. d'Albe (début), D'Arc, L. Mika, Bl. Mika, Judith, Caro, Blanche, Mathilde, Loyse.

Bric-à-Brac, marchand de jouets, a perfectionné ses marionnettes au point qu'il ne leur manque que la parole ; ce qu'apprenant, le directeur de l'Athénée-Comique s'adresse à l'industriel pour remplacer par des automates ses pensionnaires trop capricieux. Par malheur Bric-à-Brac laisse imprudemment la clef sur la porte de son atelier ; une bonne indiscrète et un commis farceur en profitent pour y fouiller et brisent son chef-d'œuvre, la commère d'une revue future. La bonne a de l'esprit, elle endosse les vêtements du jouet endommagé, et se fait commère à sa place. C'est donc elle qui, en compagnie de Bric-à-Brac, devenu compère par curiosité, se met à la recherche des événements de l'an écoulé. Le défilé commence devant l'Athénée, où les journaux de création récente chantent leurs couplets au public. Il continue au Jardin d'acclimatation, où un naturaliste et son fils remplacent deux orangs-outang décédés trop tôt, puis dans les salons de la comtesse Mufflard où Nana donne des leçons de savoir-vivre à un vieux noble. Un tableau à grand effet, *Paris sous la neige*, est intercalé dans ce chassé-croisé d'apparitions : on y voit une voiture de déménagement échouée place des Invalides, Bric-à-Brac faisant la cuisine en compagnie de Mme Mouillard que son mari cherche au loin et que son amant vient trouver déguisé en ours blanc. A cet intermède succède l'acte obligé des théâtres, qui se joue dans la cave où le directeur de l'Athénée garde de bonnes pièces pour l'avenir ; il conduit à l'apothéose, originalement placée dans *le Royaume des Pantins*.

Le Ballon captif, le défunt Théâtre Italien, les députés quittant Versailles pour Paris, la fête de Paris-Murcie, une parodie complète du *Fils de Coralie*, furent les scènes remarquées de cet ouvrage qu'on n'a pas imprimé. Il manquait, paraît-il, d'esprit et de gaîté, mais les mots gras, les plaisanteries lourdes y abondaient ; cela suffit aux spectateurs, décidés aux bravos quand même.

« A l'Athénée, — disait à ce propos Francisque Sarcey dans son feuilleton du 16 février, — les revues réussissent toujours. C'est le public qui se charge du succès et qui en fournit les éléments lui-même, quand par hasard il ne les trouve pas dans la pièce.

« Une petite actrice arrive ; elle n'est pas des plus jolies, elle porte un costume qui ne dit pas grand' chose.

« — Qui êtes-vous ? demande le compère.

« — Moi, répond-elle, je suis le *Télégramme* (ou *le Téléphone*, ou *le Comble*, peu importe).

« — Ah ! et qu'est-ce que vous faites ?

« Là-dessus la belle enfant s'avance à la rampe, l'orchestre attaque la ritournelle, et elle se met à chanter, d'une voix abominablement fausse, un couplet qui est bête comme un pot, et dont par bonheur on n'entend que quelques mots épars. Elle n'a pas plutôt commencé que le public part de rire ; elle continue, il trépigne ; elle a fini, il demande *bis*. Montrouge va vers elle, la bouche en cœur et, avec cette imperturbable sérénité d'indulgence qui le distingue :

« — Allons, mon enfant, c'est très bien, recommencez, et pas d'émotion !

« La salle se tord, c'est un délire.

« Parfois elles sont deux qui chantent ensemble, et comme aucune ne veut faire de concessions à l'autre, chacune chante dans le ton qui lui convient ; l'orchestre de son côté garde le sien, et c'est la plus réjouissante des cacophonies. Montrouge écoute sans se déconcerter, en homme qui a vu bien d'autres musiques, et grâce à sa bonhomie parfaite, à sa présence d'esprit toujours éveillée, il trouve moyen, non de réparer le désordre, mais de le sauver par un mot qui l'accentue et y associe le public.

« Si quelque étranger s'égare à ces premières représentations, il doit être bien surpris et s'imaginer que les Parisiens sont devenus fous. »

Accablantes en leur modération, ces lignes du

grand critique firent sans doute réfléchir Montrouge
sur l'honneur médiocre résultant des succès obtenus
par de tels moyens, car il annonça, vers cette même
date, l'intention de bannir les revues pour ne jouer
que des comédies. Ses intérêts ne devaient point
souffrir d'une détermination qui préservait un peu
sa dignité.

26 avril : *Gredin de sapeur*, vaudeville en 1 acte, par
Edouard Hermil et Alfred Aubert.

Eusèbe	MM. Duhamel.
Justinien	V. Gay.
Anatole	Donval.
Catherine	Mmes Delaunay.
Léocadie	B. d'Albe.

Pendant que Justinien, maître d'hôtel, assiste à un grand
souper, sa femme Léocadie va au café-concert avec Anatole,
cousin qu'il héberge, et sa bonne Catherine traite généreuse-
ment le sapeur Eusèbe. Mais, pris de migraine et de jalousie, Justinien rentre à l'improviste chez lui et une série de
quiproquos se joue dans l'obscurité entre le mari, la femme,
l'amoureux, la soubrette et le militaire. Celui-ci et sa bonne
amie s'entendent pour sauver la réputation de Madame ;
toutefois Justinien, sur le conseil d'Eusèbe, invite Anatole à
choisir un autre domicile.

Acte à poursuites, qui accompagna longtemps
Bric-à-Brac, puis la pièce suivante.

14 mai : *Les Dindons de la farce*, comédie en 3 actes,
par Charles Monselet et Alphonse Lemonnier.

Beaurayon père	MM.	Montrouge.
Valentin Beaurayon . . .		Howey.
Formose		Allart.
Saint-Olive		Duhamel.
Taphanel		Donval.
Cosroès		Gayton.
Guichard		V. Gay.
Onésime		Roucoux.
Un notaire		Forestier.
Baptiste		Batté.
Mme Formose	Mmes	E. Paurelle.
Amélie		Judith.
Zélia		B. d'Albe.
Jeanne		Belval (début).

Trois maris, Saint-Olive, Taphanel et Cosroès, ont trouvé dans les tiroirs de leurs femmes des lettres amoureuses signées Beaurayon. Tous trois jurent de se venger en mariant ledit Beaurayon, qui, par leurs soins, ne tardera pas à être ce qu'ils sont eux-mêmes. Trouvant un Valentin Beaurayon, joli garçon qu'ils croient être le Don Juan coupable, ils l'attirent par une lettre pressante dans un hôtel de Reims, et là lui signifient qu'il ait à signer le soir même son contrat de mariage avec Amélie Formose, fille d'un riche négociant en vins de Champagne. Après avoir inutilement protesté de son innocence, Valentin se résigne d'autant plus facilement qu'Amélie est charmante et pourvue d'une dot de cent mille francs. Mais voici que Beaurayon père arrive pour assister à la noce dont on l'a prévenu par missive. Viveur quinquagénaire, encore leste et pimpant, c'est lui qui a mis à mal la vertu des épouses des trois anabaptistes dont les noms figurent bien sur l'agenda où est consignée toute sa comptabilité amoureuse. Par malheur ce calepin porte aussi le nom d'une demoiselle Minard avec laquelle Beaurayon eut jadis des rapports plus qu'intimes ; or Mme Formose est née Minard et Beaurayon, qui croit la reconnaître, s'imagine que sa bru pourrait bien être sa fille. Dès lors tous ses efforts tendent à empêcher la consommation de l'inceste possible.

Ses terreurs sont vaines, et Mme Formose l'en délivre en lui révélant que c'est avec sa sœur qu'il a eu non une fille, mais un fils. Comme cette sœur est libre, Beaurayon l'épousera et reconnaîtra son enfant ; il s'y engage après avoir juré aux anabaptistes que leur honneur est sauf, ce qui est un mensonge, car ces trois maris demeurent les dindons de la farce.

D'un esprit fin mais discret, cette comédie plut moins que les précédentes au public de Montrouge ; elle ne se joua conséquemment que jusqu'à la clôture effectuée le 19 juin, soit 37 fois.

Rouvert le 13 septembre par une heureuse reprise de *la Goguette*, l'Athénée-Comique donna bientôt une œuvre dont le titre, qui semblait promettre une actualité politique, n'était qu'une habile réclame.

8 novembre : *L'Article 7*, comédie en 3 actes, par Louis Bataille et Henri Feugère.

Chamerlan	MM.	Montrouge.
Bonnard		Bellucci (*début*).
Hector de Bussan		Howey.
Gonzalès		Allart.
Raoul		Roucoux.
Van der Tapp		Duhamel.
Baptiste		Forestier.
Pierre		Clavel (*début*).
Galathée	Mmes	Macé-Montrouge.
Hermine		Liona Cellié.
Renée		Judith.
Julie		B. Delaunay.

Le bourgeois Chamerlan et le docteur Bonnard, son ami, ont prêté conjointement au jeune Hector de Bussan 150.000 francs

dont il doit s'acquitter en versant la moitié d'une rente de
20.000 francs que lui sert un oncle, planteur au Sénégal. Mais
Hector fait la noce et, un jour d'échéance, il déclare simplement qu'il n'a point d'argent. Les prêteurs sont assez
penauds lorsque parvient la nouvelle que l'oncle d'Hector
est mort en stipulant, dans l'article 7 de son testament, que
son héritier jouira seulement d'une rente viagère de 50.000 fr.
Pour que le jeune homme puisse acquitter sa dette, il faudra
donc qu'il vive assez pour faire face aux échéances conve-
nues. Bonnard examine, puis ausculte Bussan : il n'est pas
fort, car la vie de plaisir l'a grandement fatigué ; aussi le
docteur conseille-t-il à son associé de prendre comme pensionnaire leur débiteur qu'il pourra ainsi surveiller. Hector
accepte parce qu'Hermine, femme de Chamerlan, est jolie
et lui paraît sensible. Il la séduit bientôt. — « Pauvre
Chamerlan ! » se dit Bonnard tout bas. Mais sa propre
femme, sous le nom de veuve Zénobie, a déjà comblé, à
Aix-les-Bains, tous les vœux du jeune homme. Quand ils ne
peuvent douter de leur double infortune, les maris veulent
pourfendre Hector, mais la pensée de leur argent les arrête :
ils ne se vengeront qu'après avoir été remboursés. L'idée
pourtant leur vient de marier au plus tôt le Don Juan à la
jeune Renée, nièce de Bonnard ; ils négocient la chose lorsque se jette à la traverse le notaire Gonzalès, envoyé du Sénégal pour régler la situation de Bussan. Lui aussi fut, au
Mont-Dore, aimé de la soi-disant Zénobie. En la retrouvant à
Ville-d'Avray, son amour s'exalte et, impatient de l'épouser,
il provoque Hector qu'il prend pour son mari. Le duel doit
avoir lieu en Belgique, dans les bois de Poperhing. Pour
rendre impossible cette rencontre qui pourrait les ruiner,
Chamerlan et Bonnard se déguisent en gendarmes, tandis
que Galatée-Zénobie se travestit en cantonnière de chemin de fer et qu'Hermine, flanquée de Renée, s'interpose
aussi entre les adversaires. Ceux-ci néanmoins peuvent se
joindre et vont ferrailler quand un vrai gendarme les
arrête. On s'explique finalement ; découragé des aventures,
Hector demande la main de Renée, sur quoi Gonzalès déclare
que ce mariage annule l'article 7 et met Bussan en posses-

sion de toute la fortune de son oncle ; il pourra s'acquitter envers ses prêteurs que leurs femmes, en outre, persuadent de leur innocence : tout finit donc au mieux.

Joué gaiement par la troupe de l'Athénée, cet ouvrage peu moral, sans recherche mais bien fait, fut un triomphe surtout pour Mme Macé-Montrouge qui, après une assez longue maladie, reparaissait dans le rôle auquel elle était vouée, celui d'une femme incandescente par excellence. En dépit des réserves faites par la critique, 109 représentations s'ensuivirent.

Pour rendre explicable l'abondance des centièmes au théâtre de l'Athénée-Comique, il convient de dire que Montrouge baissait, par une voie détournée, le prix de ses places dès que diminuaient les recettes ; il emplissait ainsi la salle de gens qui, payant un ou deux francs, se montraient peu difficiles, applaudissaient de tout cœur et couvraient largement les dépenses courantes de l'entreprise. Les recettes du dimanche constituaient un bénéfice net pour l'impresario, qui avait compris les mérites du théâtre à bon marché et se constituait insensiblement une fortune véritable.

6 décembre : *Histoires de femmes*, vaudeville en 1 acte, par Louis Battaille et Henri Feugère.

Macassar	MM. Roucoux.
Bridaut	Clavel.
Célestin.	Duhamel.
Agathe	Mmes B. Delaunay.
Hortense.	Andrieux (*début*).

Macassar a la manie de se fourrer en tiers dans les intri-
gues des autres ; il brouille ou raccommode avec le même
empressement les couples amoureux. Or son ami Bridaut
vient le prier de congédier une dame qui l'obsède sans lui
avoir accordé rien qu'un baiser et qu'il a convoquée au
domicile de Macassar. Celui-ci accepte et, quand la personne
arrive, lui débite sur Bridaut des horreurs si grosses qu'elle
rompt d'elle-même en acceptant la vengeance qu'offre Macassar : un déjeuner fin chez Brébant. Par malheur, ce n'est
pas la maîtresse de Bridaut qu'a renseignée l'ami trop zélé,
mais sa femme ; à son tour, l'amante se présente et Macassar, stupéfait, retrouve en elle l'épouse dont il s'est séparé
six fois auparavant. Colère, puis explications : Mme Bridaut pardonne et les Macassar, qui se remettent ensemble,
mangent avec leurs amis le repas commandé.

Plaisanterie assez drôle qui, pendant plusieurs
mois, fit office de lever de rideau.

25 février 1881 : *Les Noces d'argent*, vaudeville en
3 actes, par Henri Crisafulli et Victor Bernard.

Pavillon	MM.	Montrouge.
Lucioli		Allart.
De Pontvert		Howey.
Bavollié		Roucoux.
Joseph		Stéphen (*début*).
Héloïse	Mmes	Macé-Montrouge.
Léa		Liona Cellié.
Léonide		Andrieux.
Justine		B. Delaunay.

Pavillon, dentiste, célèbre le vingt-cinquième anniver-
saire de son union avec Héloïse. Adorant les femmes et
toujours aimé d'elles, le dentiste doit, ce soir-là, festoyer
chez une cocotte nommée Léa ; mais Mme Pavillon, dont le

cœur est tendre, lui fait des agaceries si vives que, tout
en maugréant, il se résigne à faire acte de bon mari. Un
incident grave change la situation. La fille des Pavillon,
Léonide, a en même temps un mari et un amant ; le second,
manquant d'être surpris par le premier, cherche refuge
dans l'alcôve de Mᵐᵉ Pavillon qui l'y découvre avec horreur.
Le renvoyer serait compromettre sa fille, elle le garde donc
et est bien forcée de laisser libre son époux. Celui-ci en
profite pour filer chez Léa qui lui a fait savoir qu'elle avait
mal « à sa dent du fond ». Mais Mᵐᵉ Pavillon n'est point
dupe de cette phrase qui n'est qu'un signal, et elle se rend
elle-même chez la cocotte où elle se travestit en bonne normande pour contrarier les projets galants de son volage.
Brisée par l'émotion, elle se trouve mal ; on lui fait, en
guise de sels, respirer un anesthésique et on la ramène chez
elle où, se réveillant, elle croit d'abord avoir rêvé. La
mémoire lui revient pour demander à son mari une explication catégorique ; il se tire d'affaire en offrant à sa femme
des diamants destinés à Léa et en célébrant, de la façon
qu'elle désire, leurs noces d'argent.

Donnée scabreuse, corrigée par la bonne humeur,
et de laquelle émergeaient quelques jolies scènes
et des trouvailles gaies. Quoique très digne de
succès, la pièce pourtant dura moins qu'on ne l'espérait et ne trouva point d'éditeur.

Une reprise de *Monsieur* (13 mai) conduisit aux
vacances, commencées le 15 juin, l'Athénée qui
fit, le 21 septembre, sa réouverture avec *le Cabinet
Piperlin* que des rires fous accompagnèrent jusqu'à sa 300ᵉ représentation, fêtée au *Cabaret du
Lyon d'Or* par un souper mêlé de couplets et de
danses.

29 décembre : *Le Lapin*, comédie-bouffe en 3 actes, par Louis Battaille et Henri Feugère.

Champignol.	MM.	MONTROUGE.
Ratabour.		BELLUCCI.
Jean		LACOMBE.
Bayados		DUHAMEL.
Stéphen		RAMY (*début*).
Max		ROUCOUX.
Cyprien		STÉPHEN.
Olympe	Mmes	MACÉ-MONTROUGE.
Cécile.		JUDITH.
Angèle		MARIETTE (*début*).

En argot de cocher, un lapin est le voyageur chargé en contrebande pendant que Monsieur (ou Madame) fait une visite. Jean, cocher de l'avocat Ratabour, a conduit ainsi un couple d'amoureux, mais son maître avait laissé dans la voiture un pardessus contenant dix mille francs en billets de banque et le lapin mâle, se trompant, a pris ce vêtement pour le sien. Ratabour, comme on pense, n'entend point perdre son argent. Il sait que Champignol, ex plombier qui se donne pour le parrain de Jean, est en réalité son père, et il le somme de rembourser les dix mille francs perdus. Champignol s'y engage ; mais, sondant la doublure du pardessus anonyme, il découvre plusieurs cartes de visite au nom du général Bayados y Culottendos : c'est probablement le lapin-filou. Pour s'en assurer, Ratabour se rend à l'adresse indiquée, adresse où Champignol s'empresse également d'accourir lorsqu'il a trouvé, sur une des cartes, une phrase anglaise écrite par sa femme Angèle. C'est à Saint-Mandé qu'habite Bayados, général aussi détraqué que pourvu de décorations. Bayados a pour nièce la jeune Cécile, que Stéphen, second filleul-fils de Champignol, rêve d'épouser. Dans la propriété du général loge Max, professeur d'anglais de Cécile ; ce Max est le lapin cherché par Ratabour et, de plus, l'amant d'Angèle Champignol. Entre l'avocat qui lui réclame son pardessus et l'ex-plombier qui l'accuse d'avoir séduit sa femme, Bayados perd le peu de bon sens qui lui reste et fait parler son revolver dont par bonheur on a ôté les balles. L'arrivée de Mme Ratabour, jalouse de son mari, et d'Angèle, qui prétend revenir d'un pèlerinage, complique la situation au point de la rendre inextricable. Elle ne se dénoue qu'après vingt quiproquos par la restitution de l'argent innocemment pris, la guérison de Bayados, le mariage de Cécile avec Stéphen doté par Champignol, et la réconciliation de ce dernier avec son épouse, légère mais adroite.

Imbroglio fantaisiste qui, grâce aux principaux acteurs, fit illusion et atteignit, comme une bonne pièce, sa centième représentation.

24 mars 1882 : *Le Train de 9 heures 15*, comédie-vaudeville en 1 acte, par Jean d'Issy (Christian de Trogoff).

Plantinet	MM.	Bellucci.
Agénor		Roucoux.
Joseph		Stéphen.
Mme Plantinet	Mmes	De Chantelle.
Paméla		Linange (*début*).
Victoire		Godard (*début*).

Après une querelle grave, les époux Plantinet se dirigent vers la gare Saint-Lazare pour y prendre le train de 9 heures 15, qui les conduira, l'un chez un ami, l'autre chez sa mère. Mais ils se contentent tous deux d'entrer dans la salle d'attente et reviennent au domicile conjugal, Mme Plantinet avec un gommeux du nom d'Agénor, son mari avec la cocotte Paméla. L'arrivée de ce second couple fait cacher Agénor dans la chambre à coucher de Madame, tandis qu'ébahi Plantinet insère Paméla dans sa propre chambre. Tous finissent par se rencontrer, mais Paméla, qui n'est point sotte et connaît d'ailleurs Agénor, le présente comme son frère venu pour placer des actions d'un tunnel étranger. N'ayant pas le droit d'être sévère, les Plantinet feignent de croire à cette parenté, et les quatre personnages soupent ensemble en se réservant d'éclaicir plus tard leurs doutes réciproques.

Vaudeville quelconque qui, après levé la toile avant *le Lapin*, rendit le même service à *Lequel ?* repris le 13 avril.

Clos le 13 juin, l'Athénée-Comique rouvrit le 21 septembre avec une reprise de *l'Article 7*, qui fournit encore 31 bonnes recettes.

24 octobre : *La Belle Polonaise*, comédie-bouffe en 3 actes, par Léon et Frantz Beauvallet (avec Christian de Trogoff).

Chantoiseau	MM.	Montrouge.
Bélant		Allart.
Trébuchet		Bellucci.
Filensix		Duhamel.
Chaponard		Liesse (*début*).
Auguste		Batté.
Mme Chantoiseau	Mmes	Macé-Montrouge.
Cécile		Godard.
Véronique		Lavainne (*début*).

Pour entrer en possession de l'héritage de sa tante, Gabriel Chantoiseau, ancien tailleur et maire actuel de Cornebrie, doit remettre au notaire le portrait-médaillon qui le représente déguisé en belle Polonaise, comme il l'était vingt ans auparavant dans les bals publics ; mais, au moment de présenter l'objet, Chantoiseau s'aperçoit qu'il l'a perdu. Comment le retrouver ? Sur le conseil de son ami Trébuchet, l'héritier se décide à aller consulter une somnambule masquée dont on vient d'annoncer l'arrivée à Cornenbrie. Or cette somnambule n'est autre que Mme Chantoiseau qui, rendue jalouse par le portrait de la belle Polonaise au sujet duquel il n'a jamais voulu lui donner d'explications, a trompé son mari avec Trébuchet, l'a lâché un jour en lui laissant une fille dont il n'est certainement pas le père, et s'est mise à courir les foires en compagnie d'un homme-torpille et d'un ours noir répondant au nom d'Auguste. Mme Chantoiseau n'a pas seulement retrouvé son mari et sa fille ; elle a découvert un gendre en la personne du nommé Bélant. Ce dernier a volé le médaillon et, croyant reconnaître l'original du portrait dans la somnambule, est amoureux de sa belle-mère sans la connaître et… de son beau-père sans le savoir. Au lieu de se dévoiler et de revendiquer sa place au foyer conjugal, où elle jetterait sûrement un froid, Mme Chantoiseau se contente de faire restituer à son mari le précieux médaillon, et annonce son départ pour le Kamtchatka.

Tantôt bouffonne, tantôt sentimentale, cette pièce, dont les journaux du temps nous ont fourni l'analyse, produisit un effet déplorable. La chose était fréquente chez Montrouge, où le monde des premières, délicat et blasé, riait du bout des lèvres aux scènes triviales qui lui étaient offertes. La direction n'en avait cure, sachant qu'une clientèle spéciale s'amuserait, les jours suivants, des folies désordonnées, des quiproquos énormes, des mots salés qui constituaient l'ouvrage — toujours le même sous divers titres — que lui brochaient ses fournisseurs. Comme bien d'autres, *la Belle Polonaise* se joua donc un suffisant nombre de fois, mais elle resta manuscrite.

8 novembre : *Le Téléphone*, vaudeville en 1 acte, par Hippolyte Raymond et Paul Burani.

Robinet	MM. V. GAY.
Chapart	REGNARD (*début*).
Sainte-Bourde	LIESSE.
Nathalie	Mmes DE CHANTELLE.
Sabine	LAVAINNE.

Ainsi que toute cocotte intelligente, Nathalie a deux amoureux : l'un, Robinet, pour le solide, l'autre, Sainte-Bourde, pour l'agrément. Pour faciliter cette double intrigue, elle se donne en outre comme la femme d'un général exotique nommé Santa Florès, que nul ne voit jamais. Robinet a fait installer chez Nathalie un téléphone qui sert naturellement pour d'autres. Elle l'emploie un soir pour décommander Robinet et inviter Sainte-Bourde à un souper galant, mais l'employé change l'ordre des communications, et les deux hommes arrivent l'un après l'autre porteurs du homard indiqué par la circonstance. Grâce à Sabine, soubrette mise au courant, ces messieurs se livrent à un chassé-croisé auquel contribue le téléphone, manié tantôt par la maîtresse, tantôt par la servante. Le mari de Sabine, qui est chasseur dans une grande maison, vient par sa présence aider au dénouement, car, grâce à son chapeau à plumes, on le prend pour Santa-Florès, tandis que Sainte-Bourde, déguisé par une fausse barbe, passe pour le frère de Nathalie. Robinet, trompé mais content, laisse le champ libre à son rival, et la toile baisse sur la joie des amants, heureux grâce au téléphone.

Acte sans finesse, dont le titre faisait toute la nouveauté.

20 décembre : *Le Réveil de Vénus*, comédie-bouffe en 3 actes, par Paul Burani, Maurice Ordonneau et Cermoise.

Chapoulot.	MM. Montrouge.
Bréchard	Allart.
Napoli	Duhamel.
Lauverdin.	Roucoux.
Durand.	Bellucci.
Mme Bombardier. . .	Mmes Macé-Montrouge.
Juliette.	Liona Cellié.
Jacqueline. . . .	De Chantelle.
Gilberte	Lavainne.
Zanetta	Godard.

Au temps où elle était jeune et belle, Séraphine, femme
Bombardier, a eu des relations avec le peintre Romulus, et
a posé, sans costume, pour son tableau intitulé *le Réveil de
Vénus* : un nuage devant la déesse, une vague écumante au
fond, et, à ses pieds, Romulus en triton soufflant dans une
conque rose. Vingt ans passent. L'ex-Vénus a perdu son
époux et marié sa fille Juliette, qui lui ressemble, à l'éleveur
Chapoulot. Son seul désir serait d'acquérir la toile compromettante que, malgré l'engagement pris de la garder dans
un reliquaire, Romulus a mise dans le commerce. Elle finit
par la découvrir chez le marchand Bréchard, qui naturellement exploite son envie. Recherché également par l'éleveur
qui pense être agréable à sa belle-mère en lui offrant pour
sa fête le tableau dont elle parle souvent, le chef-d'œuvre
de Romulus apparaît enfin, et Chapoulot abasourdi reconnaît dans Vénus sa femme Henriette. Justement celle-ci a
eu l'idée de faire à son mari la surprise de louer à Ville-
d'Avray une villa où ils passeront l'été en tête-à-tête. Cette
villa, elle veut l'inaugurer le jour de la Saint-Louis, fête de
Chapoulot, mais elle laisse à sa bonne Gilberte des instruc-
tions si embrouillées que l'éleveur croit que le rendez-vous à
lui donné s'adresse à un amoureux, et qu'il se rend à Ville-
d'Avray pour y surprendre les coupables. Le propriétaire
de la villa, Lauverdin, s'occupe un peu de peinture et est
fort galant ; il se comporte de telle façon que Chapoulot,
qui s'est introduit chez lui sous un costume de jardinier,

le croit l'auteur du *Réveil de Vénus* et l'amant de sa femme.
De son côté Mme Bombardier, craignant un scandale, accourt
aussi chez Lauverdin où elle croit trouver Romulus. Entre
le mari jaloux, la femme désolée, Lauverdin affolé et la
belle-mère surexcitée se joue alors une partie de barres au
cours de laquelle le tableau est accidentellement crevé. Cela
n'empêche pas Chapoulot de se faire conduire, par Lauverdin, chez le vrai Romulus. L'acte final a lieu chez celui-ci.
Devenu M. Durand, le peintre a gardé de son aventure avec
Séraphine un tel souvenir que tous les ans, à la date anni-
versaire de la séance de pose, il soupe en tête-à-tête avec
l'image de sa bien-aimée d'autrefois. Cette année pourtant
il demande en vain la clef du reliquaire où dort la toile à son
modèle Napoli ; le drôle s'est entendu avec Bréchard et lui
a donné le tableau pour en faire faire la copie qui, trompant
l'œil de Chapoulot, lui a donné des doutes sur la fidélité de
Juliette. L'éleveur provoque Durand qui croit avoir affaire
au second mari de Séraphine, mais on le renseigne et, soupçonnant l'abus de confiance dont il a été victime, il tend
un piège où l'on prend Napoli et Bréchard porteurs de l'original qu'ils allaient remettre dans le reliquaire. Cette toile
porte le nom de Séraphine et une date qui justifie absolu-
ment Henriette. — « C'est moi Vénus ! » avoue en rougis-
sant Mme Bombardier. – « Allons donc ! » s'écrie Chapoulot, qui est bien forcé de la croire en voyant Romulus
prendre pour épouse sa Vénus d'antan.

Assez neuve comme point de départ, cette pièce
bientôt montrait, dans des scènes déjà vues, deux
personnages traditionnels : un époux trompé,
furieux de l'être et courant après sa moitié, une
femme passionnée se jetant à la tête des hommes
avec des propos égrillards. Ces deux rôles, qui
étaient la spécialité des Montrouge, firent leur effet
accoutumé et procurèrent à l'heureux couple un dernier triomphe.

Sur les plaintes de leurs voisins et des locataires de l'hôtel, MM. Béer et Bischoffsheim, propriétaires alors de l'immeuble, avaient effectivement décidé de ne point renouveler le bail du théâtre expirant à la fin de 1882. En dépit des mécontentements, l'Athénée-Comique eût toutefois continué d'être, si Montrouge avait consenti à payer chaque année 60.000 francs au lieu des 27.000 stipulés en 1875. Cette surcharge était excessive, comparativement aux recettes encaissées pendant le bail primitif et dont voici les chiffres officiels :

1876	115.116 francs	
1877	179.067 »	50
1878	224.427 »	80
1879	206.402 »	50
1880	167.982 »	»
1881	160.175 »	60
1882	178.972 »	»
1883	124.645 »	»

Montrouge refusa donc de l'accepter ; il obtint néanmoins de ne vider les lieux qu'à la date ordinaire des clôtures annuelles.

Au *Réveil de Vénus* succéda, le 20 février 1883, la reprise du *Coucou*, puis, le 13 avril, celle du *Cabinet Piperlin*, qui restait le plus grand succès de la petite scène. On atteignit ainsi le 31 mai, jour fixé pour la représentation ultime de l'Athénée-Comique.

Un ouvrage en trois actes avait été composé spécialement, pour la circonstance, sous ce titre qui rappelait une institution chère au directeur congédié : *Le Dîner des Pierrots*. Suivant une habitude qui remontait aux temps prospères des Folies-Marigny, Montrouge réunissait en effet, le deuxième vendredi de chaque mois, sa troupe dans un banquet où les chansons fines alternaient avec les saillies poivrées ; en souvenir de Paul Legrand, cette agape portait le nom de *Dîner des Pierrots* et, l'idée d'un à-propos admise, Paul Burani, qui s'en était chargé, avait de même baptisé la pièce destinée à ne vivre qu'un soir. Les sympathies conquises par le couple Montrouge étaient assez nombreuses pour que l'affiche d'adieux fût vraiment attrayante. Elle groupait autour des artistes de l'Athénée ces étoiles du ciel comique : Saint-Germain, Fusier, Berthelier, Daubray, Christian, Léonce, Lionnet frères, Mᵐᵉˢ Marguerite Ugalde, Juliette Darcourt, Thérésa, Alice Lavigne, Rivière, etc.

Les deux premiers actes du *Dîner des Pierrots* semblèrent très gais ; l'auteur y avait ingénieusement rappelé les scènes à succès du théâtre condamné. Le troisième, qui était censé représenter le fameux dîner, offrait un prétexte à ces intermèdes qui sont l'attrait des représentations à bénéfice. Tous les artistes annoncés y débitèrent des monologues ou des chansons. Puis des couplets spéciaux furent dits par un des Lionnet et par Mˡˡᵉ Bade pour déplorer la fermeture de l'Athénée ; ils étaient si tristes que chacun, sur la scène, fondit en larmes. A une heure moins sept minutes, le dernier rondeau s'achevait : l'Athénée-Comique n'était plus.

Tout en pleurant, Montrouge jurait qu'on ne le

verrait plus sur les planches, qu'il voulait jouir
paisiblement de la fortune acquise par son labeur ;
mais quel est l'homme de théâtre qui se résigne à la
retraite quand de bons rôles le sollicitent ? Ce fut le
cas du farceur qui, dès l'année suivante reparut
dans des vaudevilles tandis que sa femme dépensait,
dans les théâtres d'opérette, le reste d'une verve
contrariée par la maladie. Elle mourut en novembre
1898 et fut, le 22 décembre 1903, suivie par le gros
homme à face de Polichinelle qui avait été son directeur et son époux.

A l'actuel numéro 15 de la rue Scribe se voient
deux fenêtres ornementées que surmonte un assez
joli fronton ; ce furent jadis les portes de l'Athénée
Lyrique, puis Comique. D'intéressants vestiges du
petit théâtre subsistent dans le grand hôtel qui l'a
remplacé. Le restaurant occupe l'emplacement du
vestibule, où se trouvait le bureau de location de
l'Athénée. La salle à manger est la salle même du
théâtre ; on retrouve ses traces en diverses particu-
larités. Au dernier tiers vers le fond, la décoration,
par exemple, change subitement ; alors que le plafond, dans ses deux premiers tiers, est orné au centre
d'une perspective aérienne, au troisième tiers un
bandeau sculpté semble couper la salle en deux parties : c'est de ce bandeau que descendait jadis le
rideau de l'Athénée, et le fond de la scène où les
Montrouge firent s'esclaffer les Parisiens est occupé
par une cheminée monumentale. Le plancher de la
salle à manger est à la hauteur du balcon d'antan et
— triste retour des choses — les fauteuils d'orchestre servent présentement de cave à charbon !

TABLE ALPHABÉTIQUE

DES 34 PIÈCES (1) COMPOSANT LE RÉPERTOIRE DU PREMIER THÉATRE DE

L'ATHÉNÉE-COMIQUE

(1) 31 nouveautés, dont 22 imprimées, et 3 reprises.

Deuxième Théâtre

DE

L'ATHÉNÉE-COMIQUE

1890

Le café-concert du Chalet, qui existait au n° 50 de
l'avenue de Clichy, fut, en 1890, transformé en
théâtre.

Elève de Gevaërt et second prix de Rome, le musicien Félix Pardon, qui s'improvisait ainsi directeur,
avait sans doute pour objectif la création d'une
scène lyrique ; il crut prudent toutefois de tâter le
public avec des pièces assez neutres pour ne point
engager l'avenir. Ces pièces étant du genre de celles
qu'avait affectionnées Montrouge, le nom d'*Athénée-Comique* vint naturellement à l'esprit du nouvel impresario ; la salle, mise en état, ouvrit donc
sous ce vocable depuis sept ans inemployé, à la
date et par l'œuvre suivantes.

13

22 novembre 1890 : *Le Sang des Gélinard*, comédie-bouffe en 3 actes, par Louis Jacolliot, Paul Cosseret et Maxime Guy.

Alcide Gélinard.	MM.	NETTER.
Rouillard.		LE HOUX.
Bidois.		STÉPHANE.
Poupignol		LOBERTY.
Bob-Colley		FAVRE.
Panet		FLORENT.
Dʳ Trukowski		VARNOLTY.
Don Esteban.		VICTOR.
Ernest.		CARLO-PETIT.
François		RENAUD.
Un notaire		ROGER.
Un commissaire de police .		MAURICE.
Un commissionnaire . . .		PAULET.
Mme Rouillard	Mmes	STANY.
Léonore		DESCLOS.
Mme de Sainte-Phalène . .		J. GUÉRET.
Adélaïde		LUCY LÉONCE.
Césarine		CARTOUX.
Justine.		G. GUEYRARD.
Mercédès		DARLY.
Nora		JANE KARL.

La nature a doté les Gélinard d'un sang bouillant qui les incite aux pires folies. Le plus jeune de la race, Alcide, a séduit à la fois Adélaïde Panet, Cornélie Rouillard, sa tante, et Léonore Bidois, femme du commis principal de Rouillard, épicier-droguiste. Chassé pour ces deux derniers méfaits, il revient néanmoins chez son oncle, avec un air qui dénote la plus vive préoccupation. C'est que le testament d'un autre oncle, mort aux Etats-Unis, vient de lui attribuer cinq millions, à la condition qu'il contracte mariage dans un délai qui expire le lendemain. Une commune, à laquelle les millions reviendraient si le mariage d'Alcide ne

se concluait pas, lance à ses trousses le détective Bob-Col-
ley qui fera naître les obstacles sous les pas du jeune homme
dont, par contre, Adélaïde, Cornélie, Léonore, Bidois et
Panet eux-mêmes défendent chaudement les intérêts. La
lutte qui s'engage entre les deux partis a pour théâtre le
salon de Mme de Sainte-Phalène, à la fois marieuse et somnambule, puis la maison de campagne de Rouillard où
Alcide s'éprend d'Adélaïde sa cousine et l'épouse, assurant
ainsi sa fortune et le repos des ménages qu'il a jusque là
troublés.

Inspiré de *l'Article 7*, ce sujet se corsait d'incidents empruntés comme lui. Des scènes connues,
jouées par des acteurs qui ne l'étaient pas, ne pouvaient beaucoup plaire ; aussi, le 6 décembre, l'affiche annonçait-elle *Les Femmes du voisin*, comédie-
bouffe en 3 actes, par Jean Michelot. Moins heureuse
que la précédente, cette pièce est inédite et l'on n'en
fit point d'analyse. On dut la jouer fort peu, car,
tant pour *le Sang des Gélinard* que pour elle,
l'Athénée-Comique versa comme droits d'auteurs
une somme totale de 370 francs 40. M. Pardon, par
suite, ferma la salle, qui ne devait rouvrir que le
3 octobre suivant, sous le nom de *Théâtre Moncey*.

Troisième Théâtre

DE

L'ATHÉNEE-COMIQUE

1896-1898

Dans les dépendances de l'Eden-Théâtre, ouvert rue Boudreau dix ans auparavant et qui venait de clore ses portes pour cause d'insuffisance de recettes, Victor Koning, ex-directeur de la Gaîté, de la Renaissance et du Gymnase, fit, en 1893, bâtir une salle petite mais fort coquette à laquelle il donna le nom de *Comédie-Parisienne*, déjà porté par les Menus-Plaisirs du 4 avril 1881 au 4 juin 1882. L'inauguration de cette entreprise eut lieu, le 30 décembre, au milieu de l'indifférence générale. Par son esprit caustique, la brutalité de ses manières et l'indifférence qu'il affectait pour le qu'en dira-t-on, Koning s'était fait nombre d'ennemis qui ne pouvaient que se réjouir de voir la déveine atteindre enfin le cynique qu'un insolent bonheur avait longtemps favorisé. Ils eurent, à ce sujet, satisfaction complète. Au spectacle initial, composé d'un prologue et de deux reprises, s'ajouta juste un acte inédit ; après quoi dérouté, atteint irrémédiablement dans sa fortune et dans ses facultés, Koning abandonna la place (27 février 1894).

Pendant toute une année, la Comédie-Parisienne ne servit qu'à des représentations espacées données par des sociétés plus ou moins littéraires. Le 4 mars 1895, elle rouvrit sous l'autorité du comédien-auteur Pierre Berton, gérant d'une société en commandite au capital de 150.000 francs. Il quitta à son tour la partie, après avoir joué cinq pièces dont aucune n'obtint le grand succès rêvé (9 mai).

Dix-huit mois plus tard, M. Jules Lévy, dit Lerville, prit à bail le théâtre fermé, auquel il donna le nom d'*Athénée-Comique*. L'Eden alors n'existait plus, et la façade de la petite salle avait été reportée sur le square de l'Opéra, créé par les démolisseurs. Décidé à jouer là le vaudeville, l'impresario s'était donné pour collaborateurs MM. Maurice Charlot (secrétaire général), Fraizier (régisseur), Saussey (chef d'orchestre), et avait coté les 740 places dont il disposait à ces prix abordables :

Avant-scènes de balcon et de rez-de-chaussée .	9 francs.
Loges de balcon et baignoires	7 »
Fauteuils de balcon 1ᵉʳ rang.	6 »
Fauteuils d'orchestre et de balcon	5 »
Avant-scènes et loges de 1ʳᵉ galerie . . .	4 »
Fauteuils de 1ʳᵉ galerie, 1ᵉʳ rang	4 »
Fauteuils de 1ʳᵉ galerie, autres rangs . . .	3 »
Stalles de 2ᵉ galerie.	1 fr. 50

Le troisième Athénée-Comique ouvrit ses portes, le mardi 27 octobre 1896, avec les deux pièces suivantes :

Le Père La Pudeur, vaudeville en 1 acte, de Albert Depré, joué par MM. Tressy, Ranti, Jahyer, Froment, Mᵐᵉˢ Jeannin, Lusset, Lucy Bernard, Pressat (*non imprimé*) ; et

Madame l'Avocat, pièce en 3 actes. par Ernest Dupré et Félix Galipaux.

Jolivard	MM.	Le Gallo.
Lherminier		André Munié.
Le Commodore		Matrat.
Séraphin		Georges Tréville.
Réginglet.		Buteaux.
1ᵉʳ tapissier		Ranté.
2ᵉ tapissier		Aubry.
Un employé		Froment.
Miss Ellen	Mᵐᵉˢ	Marianne Chassaing.
Hermione.		Marguerite Frédérick.
Germaine.		Jane Bergeot.
Mariette		Marguerite Berney.
La Reporteuse		G. Devienne.
Léone		Renée Maupin.
Netty		Paulette Moutton.
Eve.		Blanche Toutain.
Clotilde		Jane Dartimont.

Jolivard, avocat peu au courant du droit, est le mari d'Hermione, femme charmante, beaucoup plus apte que lui à se bien diriger dans la vie. Il est aussi l'amant de miss Ellen, américaine d'allures légères, du moins a-t-il assez flirté avec elle pour qu'une photographie instantanée soit restée entre les mains de la demoiselle pratique. Circonstance aggravante, il a promis le mariage en se faisant passer pour un sieur Valpinson, artiste peintre. L'oncle d'Ellen, commodore de profession, yankee de nationalité et original de caractère, vient chez Jolivard, qu'il a connu dans un bar, pour lui demander d'être le second témoin du mariage Valpinson. Effarement de l'avocat qui n'a plus qu'une idée, celle de rentrer en possession de la fâcheuse photographie ; profitant de ce que le commodore, tourmenté par la soif, implore un cock tail, il offre de l'aller quérir et court chez l'américaine. A ce moment même, Mme Lherminier, seule cliente de l'avocat, vient lui demander de l'accompagner pour surprendre son mari en conversation criminelle avec la cocotte Chichette ; Jolivard n'étant plus là, Hermine le remplace et suit l'épouse furieuse. Miss Ellen, confiante en la parole de Valpinson, fait arranger à grands frais l'appartement qu'elle compte habiter avec lui. Jolivard, qui survient, est obligé de faire l'aimable alors qu'il ne pense qu'à reconquérir l'instantané. Valpinson n'étant qu'un nom imaginaire, il pense d'ailleurs que l'absence de papiers empêchera l'union projetée, mais le commodore a découvert, à la mairie du dix septième arrondissement l'acte de naissance d'un Valpinson authentique, on a publié les bans, et tout est prêt pour la cérémonie à laquelle le trompeur échappera d'autant moins que le tapissier qui tend l'appartement d'Ellen se trouve être adjoint au maire de l'arrondissement et offre à Ellen de célébrer son mariage à domicile. Jolivard, feignant d'être malade, endosse vainement la robe de chambre du commodore ; celui-ci arrive, flanqué d'Hermione et de Mme Lherminier qu'il présente à sa nièce, et la cérémonie commence. Mais un exprès du procureur de la République vient l'interrompre en révélant que le Valpinson qu'on marie est mort à l'âge de six mois. L'avocat, qui jusque là a caché son visage, est alors démasqué ; il s'évade par la fenêtre, mais n'en est pas moins sous le coup de poursuites pour usage de papiers faux et tentative de bigamie. Le ménage Jolivard est par suite détraqué. Désirant garder ses avantages d'épouse, Madame ne veut pas divorcer, mais elle fait à son mari une vie d'enfer quand elle se trouve seule avec lui. Sur ces entrefaites, Mme Lherminier

qui, elle, demande le divorce apprend à Jolivard que son
procès va se plaider le jour même, dans une heure. L'avocat ignore le dossier ; caché derrière son bureau il est en
train de l'étudier, quand tout à coup il entend sa femme,
qui se croit seule, émettre sur le mariage, la fidélité conjugale et les lois de très belles théories. Mais c'est là la plai-
doirie sincère, éloquente, enfiévrée qu'il rêvait ! il la note
et cour en hâte la réciter aux juges. Mme Lherminier gagne
son procès et, quand Jolivard revient triomphant, sa
femme, enorgueillie, lui pardonne ses frasques.

Comédie frisant la farce, mais qui n'en était pas
moins fertile en inventions drôles. On l'applaudit
volontiers pour encourager l'excellente troupe réunie
par M. Lerville qui, d'ailleurs, n'était pas novice en
matière de directions, car, après avoir été longtemps
secrétaire de M. Fernand Samuel à la Renaissance,
il avait pour son compte dirigé ce théâtre pendant
une année. Il fallut néanmoins, dès le mois qui suivit, renouveler l'affiche.

20 Novembre : *Saturnin va plaider*, vaudeville en
1 acte, par Marc Sonal.

Saturnin Pichart	MM.	Ranté.
Lorandeau		Tressy.
Antony		Jahyer.
Anaïs Cassignol.	Mmes	B. Toutain.
Louise de Closvougeot. . .		Florian.

Lorandeau, propriétaire, marierait volontiers sa fille Lucie
avec Saturnin Pichart, mais si ce dernier possède un cabinet et un costume d'avocat, il n'a point de client, et Lorandeau refuse de conclure avant de pouvoir dire à Lucie :

« Saturnin va plaider ». — Cette phrase sera bientôt en situation, car Pichart vient d'être choisi par Mme Louise de Closvougeot pour suivre l'action en divorce qu'elle intente à son mari peu fidèle. Par malheur Lorandeau, défiant, croit devoir envoyer chez son futur gendre, pour le faire jaser, une sienne nièce nommée Anaïs Cassignol. Le domestique de l'avocat, Antony, surprend le projet du bonhomme et prévient son maître qu'une cocotte viendra l'espionner. Quand Anaïs se présente, Saturnin, qui la trouve très convenable, la prend pour sa première cliente, tandis que Mme de Closvougeot, un peu excentrique, passe à ses yeux pour la cocotte signalée. Ce quiproquo dure jusqu'au moment où les deux femmes, tour à tour insultées, sont trouvées évanouies par Lorandeau interloqué. Tout s'éclaircit alors ; Saturnin, qu'on excuse, garde sa cliente et par suite épousera Lucie.

Acte peu neuf mais assez gai qui constituait, en somme, un acceptable lever de rideau.

20 novembre : reprise de *La Course aux jupons*, comédie en 3 actes, par Léon Gandillot.

Frondeval.	MM. A. Munié.
Lucien Durand	G. Tréville.
Georges Castelin . . .	André Dubosc.
Dugonet	Bourgeotte.
Pacharès	Ranté.
Benuto.	Jahyer.
Un vieux Monsieur. . .	Tressy.
Didine.	Mmes G. Brieux.
Liliane.	Lucy Bernard.
Mme Frondeval	M. Chassaing.
Mme Champagnol . . .	Fanny Genat.
Louisette	R. Maupin.
Suzanne	M. Berney

Mme Bolivon . . . . . Mmes JEANNIN.
Mme Léclair . . . . . VARIN.
Mme de Bury . . . . . B. TOUTAIN.
Julie . . . . LUSSET.
Clara . . . . . . DARTIMONT.
Charlotte . . . . . . DARIÈS.

Cet ouvrage qui avait, six ans auparavant, obtenu au Théâtre Déjazet un très grand succès, fut revu avec joie, sans fournir toutefois d'abondantes recettes.

2 janvier 1897 : *Paris sur scène*, revue en 3 actes, 8 tableaux, par Henri Blondeau et Hector Monréal.

Chamouillard . . . . MM. ALEXANDRE.
Pitou, L'Ermite, Paturin, Le Sacris-
    tain . . . . MATRAT.
Un auvergnat, Un pion, Un croque-
    mort, Pierrot . . . . . . MODOT.
Un agent, Marchand d'habits . . . BARON FILS.
Le Protocole, Abeilard, Le Pendu,
    Ferdinand le noceur, 1ᵉʳ Don Juan. TRÉVILLE.
Le Homard, Longjarret, Un charpen-
    tier, Galope-Chopine . . . . . RANTÉ.
Le Rire . . . . Mmes SIDLEY.
Une petite dame, Mme Moulinard, La
    Musique . . . . ALICE BONHEUR.
Le Chapeau fin de siècle, Javotte, La
    Poupée . . . . MARY AUBERT.
Le Cinématographe, Héloïse, Loui-
    sette . . . . FRÉDÉRICK.
La Danse . . . . RENÉE MAUPIN.
Cléo, La Puce . . . . CHARLIER.
La Couleuvre, la Vivandière . . . MOUTTON.
Le Bicycliste, Chapeau empire . . LUSSET.

Autres rôles par MM. Bourgeotte, Dubosc, Tressy, Jahyer, Froment, Pointel ; Mmes Dartimont, Berney, Jeannin, Norfig, Bernard, Dariès, Pressat, Hoyet, Dubuis, Pierbot, Fontana, Marcelle, Stefano.

Installé sur une bouée dans la rade de Cherbourg, où il veut photographier le tzar en visite chez nous, Aristide Chamouillard, ex-confiseur, est délogé par le Protocole qui, comme dédommagement, promet de lui faire voir toutes les fêtes données au souverain russe. Mais le Protocole est si méticuleux, si peu gai, qu'en arrivant dans la capitale Chamouillard le quitte pour prendre comme guide, le journal *Le Rire*. Avec ce compagnon aimable, le bourgeois passe alors la revue des faits grands et petits de l'année. Tour à tour posent devant eux Paris-Boulevard, Paris-Forêt vierge, Paris qui dort, Paris-Tohu-Bohu, Paris-Montmartre et Paris-Théâtre.

Amusante, montée avec luxe et enlevée par de bons artistes, cette revue attira le public pendant deux mois, grâce à l'habileté des auteurs qui y intercalaient au jour le jour les événements dignes de mention.

L'Athénée vit, à la même date, un spectacle inédit et une direction nouvelle. A M. Lerville, en effet, succéda, dans la seconde quinzaine de février, M. Maurice Charlot, son secrétaire et ami qui, lui, croyait au succès certain des pièces à musique. C'est donc par une opérette que débuta l'impresario agissant pour le compte d'une société anonyme formée pour dix-neuf ans au capital de 185.000 francs, et qu'administraient avec lui MM. Georges Leclerc et Victor Demonts.

27 février : *Madame Putiphar*, opérette, en 3 actes,

par Ernest Depré et Léon Xanrof, musique d'Edmond
Diet.

Pharaon	MM.	Amédée Vauthier.
Putiphar		Matrat.
Joseph		Baron fils.
Siméon		Modot.
Zabulon		Bourgeotte.
Issachar		Henry Kerny.
Ruben		Tressy.
Le Chambellan		Froment.
Un hôtelier		Jahyer.
Un tragédien		Duvelleroy.
Un ministre		Darras.
Lota	Mmes	Mily-Meyer.
La Reine		Augustine Leriche.
Mme Julos		Rosine Maurel.
La Divette		Suzanne Dalbray.
Anatol		P. Moutton.
Sélika		Norfig.
L'Amoureux		Sowal.
L'Amoureuse		M. Richard.
La Danseuse		Hoyet.
Petit comique		Papy.
Premier gigolo		Mancey.

Le général Putiphar, brave à la guerre comme en amour,
a reçu dans sa dernière campagne une flèche malencontreuse
qui lui a ravi son plus précieux avantage. Pour dissimuler
et expliquer une conduite soudainement achetée, le général
a pris pour femme l'ingénue Lota. Niaise avant son mariage,
Mme Putiphar l'est restée, bien qu'en son for intérieur elle
soupçonne que l'état d'épouse doive comporter autre chose
que ce qui existe pour elle. Le secret du général, Pharaon
seul le connaît ; aussi n'hésite-t-il pas à laisser la reine sa
femme, ordinairement surveillée de fort près, en tête-à-tête
avec le glorieux infirme. Nature ardente, la reine ne man-

quera pas de s'éprendre du guerrier, mais cela ne peut avoir de suite. Cependant Joseph, frais émoulu du collège, va être fait héritier unique du vieux Jacob. Instruits du testament, ses frères, pour se débarrasser de lui, le jettent dans un étang. C'est Mme Putiphar, venue pour pêcher, qui a la chance de sauver le jeune homme ; elle le voit sans vêtements et devine ce qu'on lui cachait jusque là. Siméon, un des fils de Jacob, s'aperçoit que Joseph est repêché et n'imagine rien de mieux que de le vendre à Putiphar, en lui affirmant qu'il a toutes les qualités d'un gardien du sérail. Sur quoi le général fait de Joseph le domestique de Lota. Une chose naturelle se produit ; Mme Putiphar joue la scène légendaire avec Joseph qui, par naïveté, repousse toutes ses avances. Il n'en est pas moins surpris par le général et par Pharaon qui, croyant à une tromperie sur la marchandise vendue, le condamnent au pal. La reine, qui de son côté a voulu flirter avec Putiphar, se fait pincer, elle aussi. Elle a beau, par jactance, soutenir que le général est son amant, Pharaon ne fait qu'en rire. L'incandescente souveraine n'a qu'une ressource, chercher auprès de Joseph les compensations auxquelles elle croit avoir droit. Elle le sauve donc du supplice et, comme Joseph peut expliquer à Pharaon un songe qui le tourmente, il est nommé premier ministre. Tout-puissant et déniaisé, Joseph aura deux maîtresses, Lota pour l'agrément, la reine par intérêt.

Donnée grivoise développée avec assez de discrétion, musique élégante, bien écrite ; malgré l'entrain des interprètes et une jolie mise en scène, le tout pourtant n'obtint qu'un succès incomplet.

28 février : reprise de *L'Araignée*, vaudeville en 1 acte, par Albert Depré (des Bouffes-Parisiens).

27 avril : *Séraphin*, comédie en 1 acte, par Loriot-Lecaudey.

Séraphin . . . . MM. Bourgeotte.
Andoche . . . . Fraizier.
Suzanne . . . . Mᵐᵉˢ Lusset.
Clorinde . . . . Dartimont.
Françoise. . . . . . . Dariès.

Depuis douze ans Séraphin est l'amant de Suzanne, femme
de son ami Andoche, et depuis ce même temps le remords
le torture. Or voici qu'une querelle entre Suzanne et Clorinde, une de ses amies, met la puce à l'oreille du mari.
Comment savoir si, comme l'a dit Clorinde, sa femme le
trompe. Répugnant à l'espionnage, il songe à interroger ses
intimes et, en tête de ceux-ci, l'homme qui depuis tant d'années s'assied quotidiennement à son foyer. Très ému, Séraphin se décide à un aveu qui soulage sa conscience. Le
premier mouvement d'Andoche est de chasser le traître, le
second est de l'excuser en raison des tourments qu'il a
endurés et du despotisme dont il sait Suzanne coutumière ;
aussi la femme coupable n'a-t-elle point de mal à faire
remettre le couvert de Séraphin, enlevé d'abord sur l'ordre
d'Andoche : le ménage à trois se perpétuera.

Acte amer où l'auteur faisait preuve d'un réel
instinct théâtral ; il levait le rideau avant l'œuvre
suivante, empruntée aux Nouveautés qui l'avaient
jouée le 5 novembre 1881 :

Le Jour et la Nuit, opérette en 3 actes, par Leterrier
et Vanloo, musique de Charles Lecocq.

Calabazas . . . . . MM. Maugé.
Brazeiro . . . . . . Dekernel.
Miguel . . . . . . Piccaluga.
Don Dégomez . . . . Kerny.
Cristoval. . . . . . Duvelleroy.

Un soldat	MM. Tressy.
Gonzalès	Froment.
Manola	Mmes Jeanne Petit.
Béatrix	Eveline Jeanney.
Sanchette	Mary Auber.

Scénario amusant et partition verveuse ; bien que les interprètes ne valussent pas ceux de la création, on applaudit cette reprise qui conduisit aisément le théâtre à la clôture fixée au 1er juin. Il rouvrit avec une opérette encore.

17 septembre : *Le Cabinet Piperlin,* comédie-bouffe en 3 actes, par Paul Burani et Hippolyte Raymond, avec partition inédite d'Hervé, complétée par Gardel-Hervé.

Piperlin	MM. Guyon fils.
Dardinel	Vallières.
Vétiver	Jannin.
Merlingard	Kerny.
Boussignac	Baron fils.
Léonard	De Montbryon.
Colombe	Mmes Augustine Leriche.
Zénaïde	Jeanne Petit.
Céline	Miriam Manuel.
Ambroisine	Morlay.
Cyprienne	Papy.
Anita	Dalcy.
Dorothée	Helliac.
Pétunia	Des Fresnes.
Lélia	Reine Marie.

Nous avons, dans un précédent chapitre, analysé cette bouffonnerie, le plus grand succès du premier

Athénée-Comique. Comportait-elle bien une musique ? La presse ne le crut pas et fut assez dure pour les compositeurs ; moins sévère, le public fêta le joyeux vaudeville qui se joua 70 fois avec des recettes honorables, et qu'accompagna, à partir du 22 septembre, cette bluette, dont nous ignorons le sujet et la distribution :

A la campagne, vaudeville en 1 acte, par **Gardel-Hervé**.

1ᵉʳ novembre : *Gentil-Crampon*, opérette en **3 actes**, par Eugène Larcher, **A. Monnier** et Georges Montignac, musique d'Edmond Diet.

Rougeard	MM. Guyon fils.
Jack	Jeannin.
Albert de Thérigny . .	E. Perrin.
Rakito	Baron fils.
Onoki	Kerny.
Souloko	Moriès.
Alcide	Froment.
Palph	La Renaudie.
Fraulein	Mmes Augustine Leriche.
Miss Freda Randa . .	Jeanne Petit.
Néra	M. Manuel.
Oulala	Helliac.
Laoutcha	Sorano.

Un jeune Français, accompagné de son oncle et de sa maîtresse, étoile de café-concert, tombe au pouvoir des Sioux. Ces sauvages commencent par bafouer les Européens, les exhibent comme nous faisons ici des indigènes que nous envoient les différentes parties du monde, et finiraient par les torturer s'ils n'étaient délivrés par une Américaine — Gentil-Crampon — qui s'est juré de ne pas lâcher le Français jusqu'à ce qu'elle l'ait forcé à l'épouser, et qui naturellement arrive à ses fins.

Livret caduc et incolore, partition trop soignée ; insuccès auquel il fallut, dès le 10 novembre, remédier par une reprise du *Cabinet Piperlin*, qu'accompagnèrent sur l'affiche *le Budget*, comédie en 1 acte, par Maurice Hennequin, déjà jouée en province sous le titre d'*Une Séance de nuit* (6 novembre), et *Un Client sérieux*, vaudeville en 1 acte, par Georges Courteline, créé l'année d'avant au Carillon (16 novembre).

19 décembre : *Cocher, rue Boudreau !* revue en 3 actes et 8 tableaux, par Paul Gavault et Victor de Cottens.

Saint-Pierre, 1ʳᵉ bonne, Abonné du téléphone, le Chemineau.	MM. Guyon fils.
1ᵉʳ directeur, Anatole, Brigadier-cabaretier, Un soldat, le Rapin	Jeannin.
M. Leroy	Baron fils.
2ᵉ marchand de chansons, Cadet, le Tragédien	Tervil.
Michel	Perrin.
Le Professeur, Fouinard, 1ᵉʳ marchand de chansons, le Général, le Maire.	Kerny.
M. Langoureux	Chenet.
Un paysan, le Prince, la Barbiche, Un soldat	Morlès.
2ᵉ directeur, Un soldat, Laubergine, Un acteur, 1ᵉʳ maçon.	La Renaudie.

Mlle de Boidelys, Mlle Dupont,
la Présidente . . . . . . Mmes Augustine Leriche.
La Parisienne . . . . . . M. Manuel.
La Ville de Paris, Blanche-
Marie . . . . Petit.
1ᵉʳ Lapin, Pierrot, la Monnaie,
la Réclame . . . . . . Lise Fleuron.
Mde de chansons, Mde de plai-
sirs. . . . . Marguerite Favard.
Marie-Blanche . . . . . . Widmer.

Autres rôles par MM. Duvelleroy, Froment, Darras,
Mmes Daley, Helliac, Sorano, De Montbryon, Reine Marie,
C. Presca, Liliane, Verdant, de Luxille.

Dans le hall d'un journal parisien, les directeurs du
Gaulois, de l'*Echo de Paris* et du *Journal* procèdent au tirage
des surprises qu'ils offrent à leurs abonnés ou lecteurs.
Le gros lot, la Parisienne, échoit à M. Leroy, d'Yvetot. La
Parisienne et M. Leroy deviennent ainsi commère et compère de la revue qui se poursuit à Montmartre, au tribunal féminin, aux Champs-Elysées, au jubilé de la reine
d'Angleterre et au pavillon d'Armenonville, pour se terminer
par l'apothéose des affiches de théâtre.

Nombre de clous, jolis airs composés par Marius
Baggers, chef d'orchestre du lieu, riches décors,
artistes pleins de verve, tout se réunissait pour
amener un succès qui se prolongea pendant deux
mois et demi. — *Non imprimé.*

8 mars 1898 : *La Geisha*, fantaisie japonaise en 3 actes,
adaptée de l'anglais par Charles Clairville et Jacques
Lemaire (avec Antony Mars), musique de Sydney Jones.

Mak-Chou-Li	MM. Guyon fils.
Reginald	E. Perrin.
Le marquis Imari	Jannin.
Katana.	Baron fils.
Dick	La Renaudie.
Arthur.	Duvelleroy.
Georges	Froment.
Takéméni.	Diémat.
Zoé Panach	Mmes Aug. Leriche.
Mimosa	Jeanne Petit.
Nelly Siamori	M. Manuel.
Tommy	De Montbryon.
Lady Constana	Calvé.
Miss Mabel	Liliane.
Miss Mary	Verdant.
Miss Ethel	De Luxille.

Un officier anglais s'étant épris d'une pensionnaire d'une Maison de thé est suivi, dans ladite maison, par sa fiancée qui, pour le mieux surveiller, se fait geisha comme sa rivale. Mais certain vieux jaloux, très puissant, fait vendre toute la maisonnée pour punir les refus de la pensionnaire-étoile. Un autre geisha, Française celle-là, arrange néanmoins les choses à la grande joie des amoureux.

Cette pièce, malgré son étiquette, n'était rien moins que fantaisiste. Vainement un prologue, très bien dit par Mlle Leriche, avait-il prié les spectateurs de prendre pour ce qu'elle était l'œuvre qui depuis plus d'une année faisait chaque soir fureur au Daily-Théâtre de Londres ; elle sombra sous l'ennui et n'attira que peu de monde.

17 mars : *La Doctrine du mari*, comédie en 1 acte, par Stanislas Rszewuski.

Jouée par MM. Moriès, Duvelleroy, Mmes Sorano et
Elise Veillat, cet acte était bien supérieur à la
moyenne des levers de rideau. On ne l'imprima pourtant point et nul journal n'en donna l'analyse.

22 avril : reprise de *L'Amour mouillé*, opéra-comique
en 3 actes, par Armand Liorat et Jules Prével, musique
de Louis Varney.

Cascarino.	MM. Guyon fils.
Ascanio	Baron fils.
Pampinelli	Kerny.
Carlo	Mmes J. Pernyer.
Catherina.	Aug. Leriche.
Lauretta	Jane Petit.
Fritella	Rachel Launay.
La Prieure	Anna Stella.
Sœur Francesca . · . . .	Liliane.

Autres rôles par Mmes Presca, Reine Marie et Helliac.

Les Nouveautés avaient donné avec succès, le
25 janvier 1887, cet ouvrage dont plus d'un morceau
était resté populaire. Monté avec soin, interprété
avec ensemble, il fut applaudi et fit recette jusqu'à la
clôture, fixée comme de coutume au 31 mai.

Le triumvirat directorial profita de la circonstance
pour se démettre honorablement (1).

La salle fermée trouva, pour la chaude saison, un
locataire en la personne de M. Charles Monza qui

(1) Du 27 octobre 1896 au 31 mai 1898, le troisième Athénée-Comique
avait encaissé 631.299 francs.

avait, dans les mêmes conditions, géré déjà les Menus-Plaisirs, l'Ambigu, les Folies-Dramatiques et les Bouffes-Parisiens. Son programme, comprenant trois pièces, fut soumis, le 18 juillet, à un public forcément clairsemé.

18 juillet : *Le Droguiste*, comédie en 1 acte, par Alfred Lange.

Roger	MM. VALLIÈRES.
Charles Denittis	CHARLYS.
Jean	PERRENOT.
La Générale.	Mmes NORIS.
Suzanne	MÉDEAU.

Suzanne aime Charles Denittis et voudrait l'épouser, mais sa grand'mère, qui est veuve d'un général, ne veut pas entendre parler de militaires. Elle ne se souvient pas que sa propre mère, faisant la même objection, voulait jadis la contraindre à épouser un droguiste qui, le jour de sa présentation, parut si ridicule que l'officier de cuirassiers qu'elle préférait l'emporta d'emblée. Roger, frère de Suzanne, apprend du vieux valet Jean cette anecdote curieuse : elle lui donne l'idée d'empêcher Denittis, qui s'est donné comme négociant, de se présenter sous des vêtements civils. A la vu de l'uniforme que le prétendant endosse, la grand'mère sent se réveiller sa jeunesse et unit les amants.

Tiré d'une nouvelle de Paul Segonzac, cette comédie aimable fut applaudie.

L'Honorable, comédie en 3 actes, par Paul Fournier et Maurice Soulié.

Brévannes . . . . MM. Isidore Hirch.
Gérard . . . . . Pons-Arlès.
Leclerc . . . . . Rablet.
Fernand . . . . . Vallières.
Dalbel . . . . . A. Munié.
François . . . . . Charlys.
Nivelle . . . . . Perrenot.
La Taupe . . . . Jacquemart.
Mme Brévannes . . Mmes Rose Syma.
Marie-Louise . . . Georgette Moreau.
Mme Gérard . . . Noris.

Grâce au mariage qu'il a contracté avec une femme supérieure et puissamment apparentée, Brévannes, médecin sans clientèle, est député de l'arrondissement de Clagny. Bien qu'il doive tout à son épouse, qui rédige même les discours et les rapports dont on le charge, il ne se fait aucun scrupule de lui être infidèle. Or, voici que le plus influent des électeurs de Clagny, l'aubergiste Gérard, vient le prier de patroner à Paris sa fille Marie-Louise qui s'est imaginée avoir de grandes dispositions pour le théâtre. La future Rachel est jolie, le député galant : donc, malgré les avis de sa femme pour lui épargner une infamie qui serait aussi une bêtise, Brévannes séduit Marie-Louise. Gérard l'apprend par sa fille elle-même qui ne veut pas que ses parents continuent à être dupes de *l'honorable*. Exaspéré, l'aubergiste chasse Brévannes et s'emploie à ruiner dans son canton la fortune politique du coupable. Des élections nouvelles vont avoir lieu, un certain Bouchardat s'est présenté comme concurrent de Brévannes, et c'est à son profit que l'influence de Gérard s'exerce. Ce fait, connu de Mme Brévannes, la stupéfie ; elle veut savoir la raison d'une si complète volteface, et Mme Gérard la renseigne. Navrée, et ne voulant pas être solidaire de cette dernière vilenie, elle signifie à son mari une séparation complète Sur quoi Brévannes l'accuse de folie, de lâcheté, et déclare qu'il se brûlera la cervelle si Clagny ne le réélit pas. L'intervention de Marie-Louise dénoue la situation. Venue faire ses adieux à celle qui fut sa bienfaitrice, la pauvre enfant s'entend supplier par Brévannes d'intercéder pour lui. Il parle encore de suicide, et Marie-Louise, prise de pitié, sollicite l'épouse, qui finalement pardonne. Et comme, écœuré par les calomnies dont on l'a abreuvé, Bouchardat se désiste, Brévannes pourra continuer à représenter le bon peuple français. — « L'honnêteté finit toujours par triompher ! » s'écrie-t-il avec une belle inconscience.

Comédie de mœurs — de mauvaises mœurs — habilement traitée et qu'un juste succès récompensa.

Collègues, comédie-vaudeville en 2 actes, par Paul Fournier.

Cette joyeuseté, créée le 6 mars 1897 au Cercle Artistique, terminait agréablement un spectacle dont le directeur occasionnel n'attendait que quelques recettes. Après 25 représentations, qui produisirent 32.950 francs 50, l'Athénée-Comique ferma de nouveau. Au mois d'octobre suivant, M. Henry Burguet, acteur remarqué sur diverses scènes, loua la salle déserte pour changer son genre. Il lui rendit, à cet effet, le nom de *Comédie-Parisienne*, qui ne resta sur l'affiche que du 23 décembre 1898 au 5 juin 1899 (1).

(1) M. Burguet, pendant ce temps, joua 9 ouvrages et encaissa 1.053 francs 50.

TABLE ALPHABÉTIQUE

DES 21 PIÈCES (1) COMPOSANT LE RÉPERTOIRE DU TROISIÈME THÉATRE

DE

L'ATHÉNÉE-COMIQUE

(1) 15 nouveautés, dont 6 imprimées, et 6 reprises.

Troisième Théâtre

DE

L'ATHÉNÉE

1899-1911

C'est alors que, non découragé par six tentatives infructueuses, M. Abel Deval, docteur par état, comédien par goût, prit à bail le coquet théâtre auquel un mauvais sort semblait attaché. Il n'eut qu'à s'en féliciter. Plus habile ou plus heureux que ses devanciers, il devait, en effet, porter son entreprise au plus haut degré de prospérité. On en va juger par le répertoire constitué en douze années et dans lequel abondent les ouvrages centenaires. A la fois littéraire et fantaisiste, la petite scène du square de l'Opéra, baptisée *Athénée* sans épithète, est actuellement une de celles que le public et la presse suivent avec un égal intérêt.

1899

25 octobre : *Allons à l'Athénée*, à-propos-vaudeville en 1 acte, par Georges Docquois et Félix Cresson.

25 octobre : *L'amour pleure... et rit*, comédie en 3 actes, par Auguste Germain.

3 décembre : reprise du *Retour du marin*, comédie en 1 acte, par Tristan Bernard (du Grand Guignol).

8 décembre : *La Mariée du Touring-Club*, vaudeville en 4 actes, par Tristan Bernard.

1900

23 janvier : *Un amant délicat*, comédie en 1 acte, par André Picard.

23 janvier : *Pour la paix*, comédie en 1 acte, par Edmond Duesberg.

23 janvier : *L'Homme à l'oreille coupée*, comédie en 3 actes, par Francis de Croisset. — Interdite le 27 janvier, la pièce, modifiée, reparut, le 1ᵉʳ février, sous ce nouveau titre : *Une Mauvaise plaisanterie*.

11 février : reprise du *Train nᵒ 12*, pièce en 1 acte, par Fernand Beissier (de Frascati, du Havre).

10 mars : *Mademoiselle de Bullier*, comédie en 2 actes, par Henri Giraud.

10 mars : *L'Intérim*, comédie en 3 actes, par Louis Legendre.

21 mars : reprise de *Y a plus de parents*, saynète en 1 acte, par Jean Séry (des Mathurins).

21 mars : reprise de *La Statue du commandeur*, pantomime en 3 actes, par Paul Eudel et Évariste Mangin, musique d'Adolphe David (du Théâtre d'Application).

21 mars : *Ruptures*, croquis parisiens en 3 actes, par Jean Séry.

4 avril : *Notre ami*, comédie en 3 actes, par Georges Mitchell.

28 avril : *L'Inconnue*, comédie en 1 acte, par Alfred Mortier.

28 avril : *Francine, ou le Respect de l'innocence*, comédie en 3 actes, par Ambroise Janvier.

17 mai : *Bonne amie*, comédie en 1 acte, par Lucien Duval et André Delcamp.

17 mai : reprise des *Jurons de Cadillac*, comédie en 1 acte, par Pierre Berton (du Gymnase).

29 septembre : reprise des *Demi-Vierges*, comédie en 3 actes, par Marcel Prévost (du Gymnase) ; 121 représentations.

11 décembre : *La Blessure*, pièce en 4 actes, par Henry Kistemaeckers.

21 décembre : reprise de *Tête de linotte*, comédie en 3 actes, par Théodore Barrière et Edmond Gondinet (du Vaudeville).

23 décembre : reprise du *Ballon*, comédie en 1 acte, par Trébly (du Gymnase).

1901

12 janvier : *Et après ?* comédie en 1 acte, par Eddy Lévis.

25 janvier : *En fête*, comédie en 5 actes, par Auguste Germain.

27 février : *Pour être aimée*, comédie fantaisiste en 3 actes, par Léon Xanrof et Michel Carré.

22 avril : *Le Vertige*, comédie en 4 actes, par Michel Provins.

30 mai : *Pour le monde*, comédie en 4 actes, par Henri Lyon.

14 septembre : *La Ghesha et le Chevalier*, drame en 2 actes par O. Kawakami.

14 septembre : *La Souricière*, comédie en 1 acte, par Henri Pein.

24 septembre : *Késa*, drame en 2 actes, par O. Kawakami.

24 septembre : *Le Shogun*, drame en 4 actes, par O. Kawakami.

24 septembre : *Kosan*, drame en 3 actes, par O. Kawakami.

20 novembre : *L'Auréole*, comédie en 5 actes, par Jules Chancel, Maurice Soulié et Henry de Gorsse.

27 décembre : *Madame Flirt*, comédie en 4 actes, par Paul Gavault et Georges Berr (269 représentations).

1902

6 janvier : reprise de *Poulou*, comédie en 1 acte, par Henry de Brisay (du Joli-Théâtre).

6 janvier : reprise du 2228ᵉ *Duval*, comédie en 1 acte, par Georges Berr (de la Gaîté).

23 mai : *Les Angles du divorce*, comédie en 5 actes, par Maurice Biollay.

7 juin : *La Reprise*, comédie en 1 acte, par Maurice Richard.

20 juin : *Ninon de Lenclos*, comédie dramatique en 3 actes, par Albert Pujol.

7 novembre : *Le Cadre*, comédie en 3 actes, par Pierre Wolff.

10 novembre : *Trottinette*, comédie en 1 acte, par Auguste Germain.

16 décembre : *Par vertu*, comédie en 1 acte, par Francis de Croisset.

16 décembre : *Leurs amants*, comédie en 3 actes, par Maurice de Féraudy.

1903

21 janvier : *L'Invité*, comédie en 1 acte, par Léon Xanrof.

24 janvier : *Balthy-Colis*, revue en 1 acte, par Michel Carré fils.

23 février : *Chassé-Croisé*, vaudeville en 1 acte, par Paul Gavault et Georges Berr.

23 février : *L'Enfant du miracle*, comédie en 3 actes, par Paul Gavault et Robert Charvay (319 représentations).

25 novembre : *Le Prince consort*, comédie fantaisiste en 3 actes, par Léon Xanroff et Jules Chancel (338 représentations).

1904

23 mars : *Les Ingrats*, comédie en 1 acte, par Henri Malin.

22 avril : reprise de *La Faute*, comédie en 1 acte, par Paul Ginisty et Serge Basset (des Capucines).

16 octobre : *Le Quatuor en mi*, fantaisie en 1 acte, par Louis Forest.

4 novembre : *Chiffon*, comédie en 3 actes, par René Peter et Robert Danceny (129 représentations).

13 novembre : *La Lettre mauve*, comédie en 1 acte, par J. Lahaix.

20 novembre : reprise d'*Un négociant de Besançon*, comédie en 1 acte, par Tristan Bernard (des Mathurins).

1905

24 février : *La Petite milliardaire*, comédie fantaisiste en 3 actes, par Henri Dumay et Louis Forest.

27 avril : *La Consultation*, comédie en 1 acte, par Léon Dieppois.

27 avril : *Nellie Moray*, comédie dramatique en 4 actes, par Henri Dumay.

5 mai : *Cœur de moineau*, comédie en 4 actes, par Louis Artus (234 représentations).

5 juillet : reprise de *Séduction*, fantaisie en 1 acte, par E. Bonnamy et Louis Artus (du Théâtre d'application).

5 juillet : *Triplepatte*, comédie en 5 actes, par Tristan Bernard et André Godfernaux (370 représentations).

26 décembre : reprise du *Captif*, comédie en 1 acte, par Tristan Bernard (des Mathurins).

1906

28 novembre : *La Ponnelle*, comédie en 4 actes, par Louis Artus et Paul Fuchs.

4 décembre : *Mauvaises passes*, comédie en 1 acte, par Jacques Monnier.

1907

2 février : *La Peau de l'ours*, comédie en 1 acte, par Tristan Bernard.

7 février : *Sa Sœur*, comédie en 3 actes, par Tristan Bernard.

23 février : reprise des *Côteaux du Médoc*, comédie en 1 acte, par Tristan Bernard (de la salle de Géographie).

3 mai : *Le Cœur et le reste*, comédie en 1 acte, par Jacques Monnier, Georges Montignac et Louis Hugot (217 représentations).

1ᵉʳ juin : *Le Truc du capitaine*, comédie en 1 acte, par Henry Darcourt et M. Lupin.

7 août : *Chauffée !* comédie en 1 acte, par Georges Montignac.

7 novembre : *Monsieur de Courpière*, comédie en 4 actes, par Abel Hermant.

1908

30 janvier : *Le Boute-en-train*, comédie-vaudeville en 3 actes, par Alfred Athis (111 représentations).

31 janvier : *Par un jour de pluie*, comédie en 1 acte, par Louis Forest.

2 avril : *La Ceinture de Balbine*, comédie en 1 acte, en vers, par Louis Forest.

10 mai : *La Conquête des fleurs*, comédie en 3 actes, par Gustave Grillet Talrich et W. Redstone.

29 mai : *Le Chant du cygne*, comédie en 3 actes, par Georges Duval et Xavier Roux (124 représentations.).

28 octobre · *Arsène Lupin*, pièce en 3 actes et 4 tableaux, par Francis de Croisset et Maurice Leblanc (155 représentations).

2 novembre : *Gaby se marie*, farce en 1 acte, par Maurice de Faramond.

1909

5 janvier : *L'Épouvante*, mélodrame en 1 acte, par Paul Franck, musique d'Edouard Mathé.

17 mars : *Un Mariage à Londres*, pièce bouffe en 1 acte, par Louis Forest.

17 mars : *Le Greluchon*, comédie en 4 actes, par Maurice Sergine.

8 octobre : *La Cornette*, comédie en 3 actes, par M. et Mlle Paul Ferrier.

12 octobre : *Les Bagatelles de la porte*, comédie en 1 acte, par Berthe Reynold.

6 novembre : *Page blanche*, comédie en 4 actes, par Gaston Devore.

14 novembre : *Sophie, ou le Désir de contenter*, comédie en 1 acte, par Paul-Louis Garnier.

29 décembre : *Le Danseur inconnu*, comédie en 3 actes, par Tristan Bernard (286 représentations).

31 décembre : *La Bonne école*, comédie en 1 acte, par Georges Montignac.

1910

5 avril : *Un Enlèvement*, pièce en 1 acte, par Jean Poujoulas.

18 juillet : *A l'abordage*, comédie en 1 acte, par Auguste Germain.

8 octobre : *Le Petit dieu*, comédie en 4 actes, par Louis Artus.

6 décembre : *Les Bleus de l'amour*, comédie en 3 actes, par Romain Coolus.

7 décembre : *Y avait un arrêt à Dijon*, pièce en 1 acte, par André de Lorde et Jean Marsèle.

1911

25 mars : reprise de *Maman Colibri*, pièce en 4 actes, par Henry Bataille (du Vaudeville).

26 mars : *Le Bon marcheur*, pièce en 1 acte, par Georges Montignac.

20 mai : *L'Incident du 7 avril*, comédie en 1 acte, par Tristan Bernard.

26 mai : reprise du *Seul bandit du village*, pièce en 1 acte, par Tristan Bernard (des Capucines).

21 septembre : *Monsieur Pickwick*, comédie burles-

que en 5 actes, d'après le roman de Dickens, par Georges Duval et Robert Charvay, musique de scène de
Heintz.

26 septembre : *La Bonne chimie*, comédie en 1 acte,
par André Gérard.

23 novembre : *L'Amour en cage*, comédie en 3 actes,
par André de Lorde, Funck-Brentano et Jean Marsèle,
musique de scène de E. Bonnamy.

30 novembre : *Journal joué*, pièce en 1 acte, en couplets, par ***.

Total du Répertoire au 31 décembre 1911 : 99 pièces,
dont 82 nouveautés et 17 reprises.

TABLE DES CHAPITRES

DU MÊME AUTEUR

Ouvrages prêts à paraître :

Théâtre en vers et en prose. . . . . . 1 volume
Mémoires du comédien Potier, publiés pour la première
fois en librairie, avec préface et épilogue. 1 volume
Un Comédien au XIX° siècle : Frédérick-Lemaître, étude
biographique et critique d'après des documents inédits, édition définitive, très augmentée et ornée
d'illustrations représentant Frédérick en tenue de ville
et dans la plupart de ses rôles . . . 2 volumes
Napoléon et l'Empire racontés par le théâtre, nouvelle
édition entièrement refondue et conduite au 31 décembre 1911 . . . . 1 volume

En préparation :

Souvenirs et Documents :
Les Parodies littéraires et théâtrales, étude critique ;
Dictionnaire dramatique, catalogue complet de toutes
les Pièces représentées ou seulement imprimées en
France, depuis l'origine du Théâtre jusqu'à nos jours.

LAVAL. — IMPRIMERIE L. BARNÉOUD ET C⁰.